- 江苏省教育科学规划重点课题“县级教师发展中心‘新示范性’建设的实践研究”成果
- 江苏省教师发展研究专项课题“‘任务群思想下小学语文单元整体设计与课堂实施’的师范生实践课程资源研究”成果
- 江苏省中小学教学研究重点自筹课题“教学评一体视域下小学语文真实性课堂评价任务设计与应用研究”成果

阅读进阶 任务必达

小学语文任务群单元学习手册

李琴 惠兰 主编

（五年级上册）

苏州大学出版社
Soochow University Press

图书在版编目(CIP)数据

阅读进阶,任务必达：小学语文任务群单元学习手册. 五年级 上册 / 李琴, 惠兰主编. -- 苏州：苏州大学出版社, 2024. 9. -- ISBN 978-7-5672-4952-3

Ⅰ. G624.233

中国国家版本馆 CIP 数据核字第 2024MV2396 号

敬告作者

为了编好本书，我们选用了部分适用的作品（包括图片），在此，我们对这些作品的作者表示崇高的敬意和感谢。但部分作者由于地址不详，无法取得联系。敬请各位有著作权的作者尽快与我们联系，以便支付稿酬，并致谢忱！

联系地址：苏州市十梓街 1 号，苏州大学出版社
联 系 人：沈 琴
电　　话：0512-65222282

YUEDU JINJIE, RENWU BIDA

书　　名：阅读进阶，任务必达

——XIAOXUE YUWEN RENWUQUN DANYUAN XUEXI SHOUCE (WUNIANJI SHANGCE)

——小学语文任务群单元学习手册(五年级上册)

主　　编：李 琴 惠 兰
责任编辑：沈 琴
助理编辑：任雨萌
特约顾问：纪学林
装帧设计：刘 俊

出版发行：苏州大学出版社(Soochow University Press)
社　　址：苏州市十梓街 1 号　**邮编**：215006
印　　刷：苏州市越洋印刷有限公司
邮购热线：0512-67480030
销售热线：0512-67481020

开　　本：787 mm×1 092 mm　1/16　**印张**：12.5　**字数**：199 千
版　　次：2024 年 9 月第 1 版
印　　次：2024 年 9 月第 1 次印刷
书　　号：ISBN 978-7-5672-4952-3
定　　价：36.00 元

若有印装错误，本社负责调换
苏州大学出版社营销部　电话：0512-67481020
苏州大学出版社网址　http://www.sudapress.com
苏州大学出版社邮箱　sdcbs@suda.edu.cn

编 写 组

主　　编　李琴惠兰

编写人员　顾秋红　吴　彧　杨　奕　李月虹　王赛洁
周　君　李崟茜　赵　玥　娄婉莹　周静怡
梅　艳　徐　珺　袁平霞　宋婷婷　陆志军
梅佳祺　朱　嫣

序

《阅读进阶，任务必达——小学语文任务群单元学习手册》的正式出版，标志着苏州市姑苏区小学语文“三位一体”研究项目组（简称“项目组”）两年多来的研究终于取得了圆满的成果。《任务群思想下小学语文单元整体设计与课堂实施》与《阅读进阶，任务必达——小学语文任务群单元学习手册》，共同组成了项目组对语文学习任务群研究的系统认知与实践探索，构成了对小学语文新师范生、新教师入职学科研修资源的整体序列与过程支持，诠释了“新示范性”教师发展服务的崭新样态。

2022 年 4 月，《义务教育语文课程标准（2022 年版）》正式发布，我们于当年 7 月成立了项目组，邀请了江苏省教育学会名誉会长陆志平先生和江苏省语文整合教学研究所所长戴晓娥女士作为项目顾问，形成了以特级教师为导师的研修小组。从学科层面，项目组积极探索任务群思想的本质内涵与实践范式；从资源建设角度，项目组站位服务新师范生涵育、新教师“新课改”素养研修角度创生高质量资源群落；从组织创新角度，项目组以“育师立意、任务驱动、实践为核”为理念，创生高质量师资研修方式，凸显“新示范性”教师发展服务的前瞻性。

2023 年 5 月，《任务群思想下小学语文单元整体设计与课堂实施》正式出版，在省内外产生积极影响。立足“教”的研究与实践敦促着我们进一步针对如何学和如何评进行贯通式研究。

项目组精准对标课程标准，立足全面适用课堂教学，围绕最新版语文教材，基于教材单元内容，运用真实情境建构单元学习主题，设计生动而丰富的学习任务。任务以活动体验、文本研习、问题探讨为主要方式，以“预学”“研学”“拓学”为板块进阶，设计相应的学习活动，并辅以丰富的学习资源。每个单元最后附以素养测评，围绕单元任务设计阅读练习，从而建立起素养为核、单元整体、任务驱动、深度递进、自主建构的学生自学、自习、自评、自进的支持体系，促进学生语文核心素养的发展。

《阅读进阶，任务必达——小学语文任务群单元学习手册》得以顺利出版，我们也较圆满地完成了项目组的研究任务。深深感谢一路陪伴我们成长的各位专家、导师，深深感谢我们项目组的全体成员。愿一切的努力能带给老师们更多的专业启迪，能带给孩子们更多的成长。

苏州市姑苏区小学语文“三位一体”研究项目组

2024 年 9 月

目录　CONTENTS

第一单元　童年好物博览会

同学们，山有灵而万物生，水有气而澈见底，我有心而近自然。山河湖海，花鸟鱼虫，都是大自然的馈赠；家人故友，人间烟火，又何尝不是生活中的小确幸。美好的事物充盈着我们的生活，美好的情感也在温暖中氤氲而生。这个单元，就让我们一起走进“生活”这个色彩斑斓的博览会，去同每一只蝴蝶拥抱，去向每一朵鲜花微笑，去和每一棵小草私语，站在山巅与日月星辰对话，潜游海底和江河湖海晤谈吧！

任务一：走进“情致”动物馆

同学们，列夫·托尔斯泰曾说过：“预习是学习的基石，是学习的前提条件。”围绕预学单开展自主学习吧！

学习活动一：结识美丽的鸟儿

你知道哪些关于鸟类的古诗文呢？请收集一些写在扇面上，完成一份“春日鸟鸣”国风手账本吧！

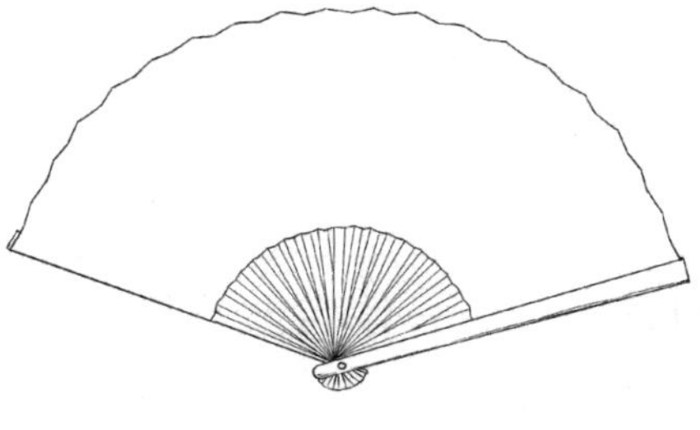

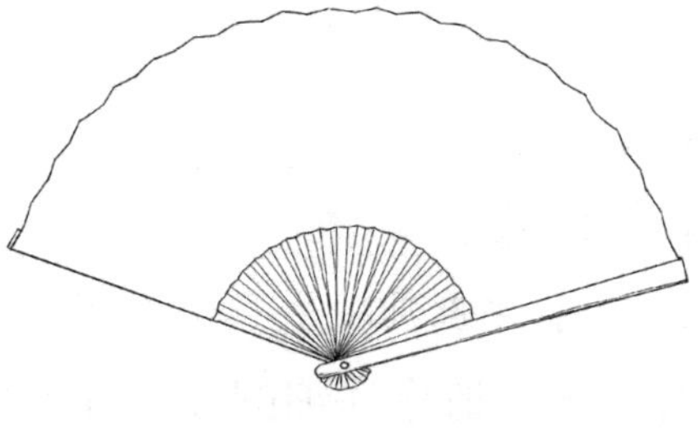

学习活动二：品读诗意的动物

有感情地朗读课文《白鹭》，说说课文主要写了什么，是按什么顺序写的，完成课文结构图。

白鹭是一首精巧的诗。
- 外形美
  - ____________
  - ____________
- 神韵美
  - ____________
  - ____________
  - ____________

白鹭实在是一首诗，一首韵在骨子里的散文诗。

同学们，爱因斯坦曾说过：“学习知识要善于思考，思考，再思考。”打开研学单，开始学习吧！

学习活动一：结识美丽的鸟儿

1. 小小绘图师——鸟儿外形美。学习《白鹭》《珍珠鸟》，找出描写鸟儿外形的语句，完成图表填空。

白鹭				珍珠鸟				
蓑毛		长喙	脚	小嘴		小爪子	身子	羽毛
	流线型				圆溜溜的			

面对这样美丽的鸟儿，作者有什么感受？请你分别用文中的一句话概括。

《白鹭》：____________________

《珍珠鸟》：____________________

2. 小小评画师——鸟儿神韵美。《白鹭》第⑥—⑧自然段描绘了三幅优美的图画，请你仔细阅读，并为每幅图起一个名字。

第一幅图：__________　第二幅图：__________

第三幅图：__________

3. 小小朗诵家——鸟儿诗意美。朗读《白鹭》第⑨—⑪自然段，你从哪些词语里发现了白鹭的美？请工整地摘抄下来，并放到文章中再读一读。

____

学习活动二：品读诗意的动物

1. 小小评诗员——动物诗意美。请同学们阅读古诗《蝉》，完成以下内容：

（1）读准字音，读准“垂緌”“藉”，读通古诗文。

（2）说说古诗从哪两个角度描写蝉，描写出了蝉怎样的姿态。

（3）为古诗配文，写出你自己的理解，请重点理解“居高声自远”的“高”，写在下面的横线上。你从中读出作者怎样的情感呢？

____

____

____

2. 小小鉴赏师——阅读链接。借助阅读链接，边读边思考，这些古诗分别表达了作者怎样的情感？

阅读链接：

鹭鸶

［唐］杜牧

雪衣雪发青玉嘴，群捕鱼儿溪影中。

惊飞远映碧山去，一树梨花落晚风。

画眉鸟

［宋］欧阳修

百啭千声随意移，山花红紫树高低。

始知锁向金笼听，不及林间自在啼。

同学们，陆游曾写道：“纸上得来终觉浅，绝知此事要躬行。”翻到拓学单，检测一下你们的学习成果吧！

学习活动一：品读诗意的动物

1. 小小鉴文师——他们眼中的动物。请你读一读下面两篇描写小动物的文章片段，找一找动物的外形美、神韵美，再比一比，完成下列表格。

（一）鸟（节选）

梁实秋

① 我开始欣赏鸟，是在四川。黎明时，窗外是一片鸟啭，不是吼吼喳喳的麻雀，不是呱呱噪啼的乌鸦，那一片声音是清脆的，是嘹亮的，有的一声长叫，包括六七个音阶，有的只是一个声音，圆润而不觉其单调，有时是独奏，有时是合唱，简直是一派和谐的交响乐。不知有多少个春天的早晨，这样的鸟声把我从梦境唤起。等到旭日高升，市声鼎沸，鸟就沉默了，不知到哪里去了。一直等到夜晚，才又听到杜鹃叫，由远叫到近，由近叫到远，一声急似一声，竟是凄绝的哀乐。客夜闻此，说不出的酸楚！

② 在白昼，听不到鸟鸣，但是看得见鸟的形体。世界上的生物，没有比鸟更俊俏的。多少样不知名的小鸟，在枝头跳跃，有的曳着长长的尾巴；有的翘着尖尖的长喙；有的是胸襟上带着一块照眼的颜色；有的是飞起来的时候才闪露一下斑斓的花彩。几乎没有例外的，鸟的身躯都是玲珑饱满的，细瘦而不干瘪，丰腴而不臃肿，真是减一分则太瘦，增一分则太肥，那样的秾纤合度，跳荡得那样轻灵，脚上像是有弹簧。看它高踞枝头，临风顾盼——好锐利的喜悦刺上我的心头。不知是什么东西惊动它了，它倏地振翅飞去，它不回顾，它不悲哀，它像虹似的一下就消逝了，它留下的是无限的迷惘。有时候稻田里伫立着一只白鹭，蜷着一条腿，缩着颈子，有时候“一行白鹭上青天”，背后还衬着黛青的山色和釉绿的梯

田，就是抓小鸡的鸢鹰，啾啾地叫着，在天空盘旋，也有令人喜悦的一种雄姿。

——选自梁实秋《梁实秋散文》，有改动

（二）黑夜里的小灯笼（节选）

李元胜

① 我还记得第一次看见萤火虫时的情景。那是数年前的一个下午，在某个果园的山坡上，我看见一只艳丽的甲虫，正在草丛中拼命向高处爬。在最高处，它突然弹开鞘（qiào）翅，甩出了半透明的柔软翅膀，飞了起来。在这个过程中，我注意到，它有着漆黑的甲壳，橙红的背板，细长的触角，就像一个戴着红色头盔的武士。它背后不时扇动的翅膀，使它看起来更像一个神话中的角色。

② 我顾不得身边的东西，像着了迷一样，跟着它跑，凭着直觉追踪着天空中的那一个小点。终于，在它笨重地降落时，我赶到了它的附近。几乎所有甲虫，在结束飞行时，都会重重地下坠一下。这个艳丽的小东西也不例外，它像有点力不从心的样子，栽落到草地上。我得以细细打量它。老实说，它躲在红色盔甲下的灵活地伸来伸去的头，贼亮的眼睛，给我留下了深刻的印象。

③ 当晚，我翻阅昆虫书籍，为它验明正身。原来，它就是大名鼎鼎的萤火虫，不过，算是萤火虫中比较好看的，叫窗萤。我略感惊异，没想到萤火虫会如此漂亮。因为过去从书上看到的萤火虫都长得比较朴素，一副不起眼的样子。

④ 后来，我有很长的时间没有再看到窗萤。在山中的夜晚，我时常看到星星点点的荧光，在风中时上时下，却很难把它们抓在手中，只能猜想它们的样子。

⑤ 有一次郊游，在农家小院，我看到一只小灯笼冉冉上升，又突然下降，最后停在农家的窗台上。我跟过去，看到的是另一种毫不起眼的萤火虫。虽然没有窗萤漂亮，但它的荧光却相当迷人。感觉它的灯笼，比它自己身体的实际大小还要大得多。

——选自李元胜《昆虫之美》，有改动

比较对象	《鸟》	《黑夜里的小灯笼》
外形美		
神韵美		
情感与态度		

学习活动二：我眼中的动物

小小创作家——动物之美。请选择一个你最喜欢的小动物，制作一张精美的动物名片。

（1）请在左边画下它的外形，在右边用几个词语简单勾勒。

（2）请你用几个关键的画面，将你喜欢的这个动物写下来吧！

____

____

____

____

____

____

____

任务二：品味“情意”植物馆

同学们，列夫·托尔斯泰曾说过：“预习是学习的基石，是学习的前提条件。”围绕预学单开展自主学习吧！

学习活动一：发现植物中的理趣

1. 查一查：查阅有关花生的资料，填写资料卡。

资料卡 ◎

花生____

____

____

2. 找一找：你了解你家乡所属市的市树吗？查找资料，为它制作一张漂亮的小卡片吧！

学习活动二：体悟植物中的乡情

1. 读一读。琦君的《桂花雨》寄托了作者浓浓的思乡之情，关注文中你喜欢的词语或句子，摘录下来，感受作者的情思。

词语：＿香飘十里＿　＿＿＿＿＿＿　＿＿＿＿＿＿

句子：＿＿＿＿＿＿＿＿＿＿＿＿＿＿＿＿＿＿＿＿

2. 做一做：留园的“闻木樨香轩”、光福的“窑上村”、沧浪亭的“木樨亭”等，都是苏州的赏桂佳地，利用周末时光，看一看、闻一闻桂花，查一查桂花资料，制作植物名牌。

同学们，爱因斯坦曾说过：“学习知识要善于思考，思考，再思考。”打开研学单，开始学习吧！

学习活动一：发现植物中的理趣

1. 自读自悟。课文按照事情的发展顺序，围绕“落花生”写了种花生、＿＿＿＿、＿＿＿＿和＿＿＿＿四件事情。

2. 分角色朗读对话。感知花生的特点，完成下面表格。

议论的人	花生的样子	花生的好处
父亲		
姐姐		
哥哥		
“我”		

3. 小组合作，讨论交流。读第⑩自然段，说说花生最可贵的是什么，和同学交流自己的体会，并填写下面表格。

比较对象	桃子、石榴、苹果	花生
生长位置		
外表		
给人的印象		

4. 写一写。看到下面的事物，你会想到哪些人？选择其中一个，仿照《落花生》的写法写一写，尽可能做到详略得当。

参考事物：竹子　梅花　蜜蜂　路灯

（1）说说这些事物有什么特点。试着运用对比的手法，用一段话把它们的特点写具体。

我喜欢________，它的好处很多，比如____________________________。它虽然没有________________________________，但可贵的是____________________________________。

（2）生活中，哪些人也有这个特点？用一段话叙述人与事物的相同之处。

100字

200 字

学习活动二：体悟植物中的乡情

1. 自读自悟。根据不同的时间、地点、人物等要素，说一说桂花给“我”带来了哪些美好的回忆，将几件事写出来。

（　　　　　　）⟶（　　　　　　）⟶（　　　　　　）

2. 写一写。你最喜欢的植物是什么？为什么喜欢它？学习文中的表达方法，写一写你童年里与它有关的人或事。

100 字

200 字

同学们，陆游曾写道：“纸上得来终觉浅，绝知此事要躬行。”翻到拓学单，检测一下你们的学习成果吧！

学习活动一：发现植物中的理趣

1. 找一找。很多古诗中的植物总是会让我们想到一类人，课后搜集一下，并与同学交流你感悟到的文字背后的情思。

古诗名	作者	诗句	你想到的人

2. 读一读。下面一篇文章和许地山的《落花生》在写法上有异曲同工之妙，仔细品读，完成练习。

宋庆龄故居的樟树（节选）

茹志鹃

别的树木容易招虫。从同一棵石榴树上，可以捉到三四种不同的虫子。它们还要养儿育女，繁衍后代，子子孙孙都寄生在树上。而樟树本身却有一种香气，而且这种香气能永久保持。即使当它枝枯叶落的时候，当它已经作为木料制作成家具的时候，它的香气仍然不变。只要这木质存在一天，虫类就怕它一天。樟树的可贵之处就在这里。

人们怀着崇敬的心情前来瞻仰宋庆龄的故居，也总爱在这两棵樟树前留个影，作为永久的纪念。

——选自义务教育课程实验教科书《语文》

苏教版四年级下册，有改动

（1）樟树的“可贵”之处表现在哪些地方？联系文章内容，说说你感受到了什么。

____

____

（2）文中画线部分主要写了______________________；在短文中这样写的好处是______________________。

学习活动二：体悟植物中的乡情

读一读。读下面一篇文章，体悟槐树中的乡情，完成练习。

村槐（节选）

和 谷

① 故乡的村头，有一棵树冠巨大的槐树。躯干不高，却有几搂粗细。我离家之后这些年，也去了不少地方，所见的槐树，还很少有可以同故乡村槐媲美的。每行走于山野，或读书于窗下，凡触得一个“槐”字，我思乡的心，便被村槐那广阔的浓荫所拥抱了。

② 村槐掩映的场院，曾经是我童年欢乐的世界。清明时分，我和小伙伴就缠着祖父缚秋千。他总是笑着，寻出犁上的套绳，携我们到槐树下。开始，我上秋千还有点胆怯，祖父就一前一后地推着秋千。渐渐地，我可以一屈一伸，自个儿荡得很高了。树干也以同样的节奏上下忽闪着。我只觉得自己长了羽毛，像槐树上筑巢的鸟儿似的，飞过了绿的云团，看见远处的山了。我低头见祖父伫候在秋千下，那神色是夸我荡飞得高呢，还是担心我摔下？他两只手总是微微前伸，像要随时接住掉下来的我似的。其实，我不正是在槐树伸出的胳膊上悠荡，栖在故乡的怀抱里吗？

③ 自从我背上干粮到十里外的镇上念书，那如花的童年便流逝了。为了换得课本和铅笔，我不得不在星期天到山野里采药。听说槐树的荚果、种子，还有槐花，都是药材，我就一年两季守着村槐，春采其花，秋采其果，索得一点读书的费用。尽管把它当作药材卖是极廉价的，村槐却也给了它的孩子们多少生活的滋养！古槐开的花虽然很香，可结的果实却十分苦涩。祖父说，槐果不但可以入药，还能够酿酒呢！

④ 待我重返故乡，已经是几年之后了。我伫立于村槐下，沐浴着纷纷扬扬的槐花，深情中有一种沉重感。祖父已经去世，而我这长孙又没能送葬，总觉愧疚不已。我记着祖父的话，品着槐香，是清苦的药味呢，还是微醺的酒香？村槐在风雨里，在四季交替中，经历了多少岁月？抬眼望去，村槐又苍老了几许，它那遒劲地露出地面的根须，深深扎入故乡山塬的土地。正是它对山塬的挚情，才有这年年度度把花和果如此奉献给人间

的壮举！由此，我想到了祖父那青筋暴鼓的茧手，深深插入泥土，紧紧攥着泥土的动作，是那么执着而有力，显示着生命的经久。

⑤ 我如此地思恋着故乡的村槐。曾伴着我长大的槐树，也一定知道我的思恋，也在想念着它的游子呢！

——选自《散文》1982 年第 8 期，有改动

1. 第②③自然段记叙了两件往事：____________、____________。

2. 《桂花雨》中，母亲说："这里的桂花再香，也比不上家乡院子里的桂花。"选文中也有一句相似的话，请你用"________"在文中画出来，然后写出画线句子的含义。

____

3. 下列说法不正确的一项是（　　）。

A. 本文借物抒情，借对村槐的赞美，抒发了作者对故乡的眷恋和对亲人的思念之情。

B. 文章结尾不仅照应开头，而且深化了主题。

C. 文章以村槐为线索，托物言志，表达了作者扎根故乡、倾情奉献的伟大志向。

任务三：推介"情思"好物馆

同学们，列夫·托尔斯泰曾说过："预习是学习的基石，是学习的前提条件。"围绕预学单开展自主学习吧！

学习活动一：遴选我的心爱之物

1. 寻找自己心爱的事物。学习完本单元后，你觉得自己的心爱之物是什么呢？回忆自己的生活，在下面的表格中填上关键词理一理吧，不够可以加行。

名称	外形	怎么得到的	为什么成为心爱之物

2. 制作“好物推介卡”。在你找到的这些心爱之物中，哪一个是你最想介绍给大家的呢？仿照下面的样式，制作一张“好物推介卡”。

好物推介卡
好物名称：
好物外形：
推荐理由：
推荐人：

3. 准备好物展览。你的心爱之物适合用什么方式来展览呢？可以是实物，也可以用拍摄照片、录制视频或绘制图片等方式，提前准备好，交给活动负责人。

学习活动二：心爱好物推介会

1. 制定童年好物博览会展览公约。思考并填写下面的表格，到组长处汇总，在班干部的组织下，讨论并制定展览公约，张贴在班级展会醒目位置。注意用语的规范。

我认为本次展览的目的	
我觉得展览中可能出现的问题	
如何解决问题	
我想提出的公约	

2. 童年好物博览会策展。收集班级同学在任务一、任务二中制作的关于动植物的相关材料及制作的“好物推介卡”和呈现物，按照“情致”动物馆、“情意”植物馆、“情思”好物馆的场馆分布进行物品分类，进行博览会的展厅布置。

同学们，爱因斯坦曾说过：“学习知识要善于思考，思考，再思考。”打开研学单，开始学习吧！

学习活动一：遴选“我的心爱之物”

1. 聊聊“我的心爱之物”。结合预学表格内容，和组内同学们聊聊自己的心爱之物。

2. 评选“最佳好物推荐人”。小组合作完成，围绕评价标准，进行小组评议，提出介绍好物的合理化建议并评选出组内“最佳好物推荐人”。

评价标准	达成度	建议
能说清楚心爱之物是什么	☆☆☆☆☆	
能说清楚心爱之物的外形，有一定画面感	☆☆☆☆☆	
能说清楚它成为心爱之物的原因，有一定故事感	☆☆☆☆☆	
能试着用“借物抒情”或“借物喻人”的方式，说明它成为心爱之物的原因	☆☆☆☆☆	

3. 完善“我的心爱之物”推介词。根据同学的建议完善自己的介绍，重点尝试用本单元学到的方式表达情感。

学习活动二：心爱之物推介会

1. 参观童年好物博览会。各组“最佳好物推荐人”进行推介，其他同学参观博览会。

2. 评选“镇馆之宝”。根据展品及推荐人推介，围绕评价标准，评选“镇馆之宝”。参加博览会特别演讲活动“我心中的镇馆之宝”，对同学们的好物进行评价。

“镇馆之宝”候选	评价标准参考	我选出的“镇馆之宝”（请把理由写清楚）
	1. 和其他展物相比，它的外形最有趣； 2. 和其他展物相比，它的来历最特别； 3. 和其他展物相比，它背后的故事最动人； 4. 和其他展物相比，它最能让人获得启示； 5. 和其他展物相比……	

同学们，陆游曾写道：“纸上得来终觉浅，绝知此事要躬行。”翻到拓学单，用文字记录，完成一篇习作，记录你们的心爱之物。

参观了班级的童年好物博览会，现在让你再选一选你的心爱之物，你会选什么呢？请你把它写下来。

介绍外形和来历时，要抓住心爱之物的特点，注意叙述要有一定顺序，如果内容适宜，可以模仿《白鹭》一文中诗意的表述来写外形。

介绍为什么它会成为心爱之物时，要仔细回忆与心爱之物有关的时间、地点、人物和事件。可以学着《桂花雨》的样子叙述一系列的事情，也可以像《珍珠鸟》一样重点叙述一件事情。

100字

200 字

300 字

400 字

500 字

同学们，童年好物博览会即将圆满落幕。最后，来检验一下本次看展的收获吧！

素养测评

同学们，学习本单元后，我们认识了形形色色的好物，体悟了物中的情与思。接下来，让我们开展一场以“赏美好事物、品万般情思”为主题的研学活动吧！

活动一：品读动物情致

一窠（kē）八哥的谜（节选）

牛　汉

① 小时候，我不会养鸟，却有探险和猎取神秘事物的野性。有一年的麦收季节，听说城墙上出现了一窠八哥，我在城墙下绕来绕去寻找。果然，听到了一丝儿很稚嫩而 qīng cuì（　　）的声音，似出壳不久的雏鸡的叫声。顺着细微的声音找去，终于望见了在高高城墙上的一孔洞穴里，四五张鲜红的小嘴正张着，像一束喇叭花 xuán guà（　　）在崖畔上，好看极了。

② 我当下就想把它们掏下来。但壁立的城墙太高太陡，无法攀登。八哥的窠在城墙的上方，用梯子够不着，从城墙上用绳子缒（zhuì）下来一定可以掏着，但我不敢。我只能立在城墙跟前，仰起头望着那一窠神秘的八哥，想攀登上去掏这窠八哥。

③ 全村的孩子中，我最会爬墙上树，我天天练攀登，苦练了一二十天，一天比一天攀登得高。小八哥的爹妈从天空“嗖”的一声回到窠里喂食，翅膀又黑又亮，在我眼前一闪而过，随后从窠里伸出头，朝下望着我，吱吱地叫，我知道它们在咒骂我。有几次，头发上落了雨点似的鸟粪，还有脏土。我心里明白，这是大八哥在对我进行 fǎn kàng（　　）。

④ 小八哥抖动着茸茸的羽毛，我闻到了奇异的鸟的气味，再往上攀登三五尺，就能够着八哥了。一天清早，我来到城墙下，感到有点异样，

没有听到小八哥的声息。前几天，我已听出小八哥的声音变得洪亮了起来，不再是＿＿＿＿＿＿＿＿，而是＿＿＿＿＿＿＿＿，已经很像在歌唱。八哥的歌，一定不同于鸽子那种柔媚而浑浊的声音，更不是麻雀 cū cāo（　　）的吵叫，也不同于村里八音会上的任何一种乐器声。

⑤ 我顿然明白，八哥一家已经飞走了，已经移居到不可知的远方。

⑥ 我这一辈子不会忘记这窠小八哥，而且直到现在也不明白：它们在大难临头的时候，如何能神奇地飞到了远方？

——选自《意林（原创版）》2020 年第 6 期，有改动

1. 根据语境，看拼音写词语，填入括号内。

2. 结合语境，填入词语合适的一项是（　　）。

A. 嗷嗷待哺　牙牙学语　　B. 牙牙学语　嗷嗷待哺

3. 第①自然段作者对小八哥做了（　　）方面的描写。

A. 声音、外形　　B. 声音、动作

C. 外形、颜色　　D. 外形、声音

4. 在本文中作者对八哥的感情有什么变化？（　　）。

A. 讨厌——喜欢　　B. 讨厌——难受

C. 好奇——担忧　　D. 好奇——欣喜

活动二：品味植物情意

银　杏

郭沫若

银杏，我思念你，我不知道你为什么又叫公孙树。但一般人叫你是白果，那是容易理解的。

我知道，你的特征并不专在乎你有这和杏相仿佛的果实，核皮是纯白如银，核仁是富于营养——这不用说已经就足以为你的特征了。

但一般人并不知道你是有花植物中最古的先进，你的花粉和胚珠具有动物般的性态，你是完全由人力保存了下来的奇珍。

自然界中已经是不能有你的存在了，但你依然挺立着，在太空中高唱着人间胜利的凯歌。

你这东方的圣者，你这中国人文的有生命的纪念塔，你是只有中国才有呀，一般人似乎也并不知道。

我到过日本，日本也有你，但你分明是日本的华侨，你侨居在日本大约已有中国的文化侨居在日本的那样久远了吧。

你是真应该被称为中国的国树的呀，我是喜欢你，我特别的喜欢你。

但也并不是因为你是中国的特产，我才是特别的喜欢，是因为你美，你真，你善。

你的株干是多么的端直，你的枝条是多么的蓬勃，你那折扇形的叶片是多么的青翠，多么的莹洁，多么的精巧呀！

在暑天你为多少的庙宇戴上了巍峨的云冠，你也为多少的劳苦人撑出了清凉的华盖。

梧桐虽有你的端直而没有你的坚牢；

白杨虽有你的葱茏而没有你的庄重。

熏风会妩媚你，群鸟时来为你欢歌；上帝百神——假如是有上帝百神，我相信每当皓月留空，他们会在你脚下来聚会。

秋天到来，蝴蝶已经死了的时候，你的碧叶要翻成金黄，而且又会飞出满园的蝴蝶。

你不是一位巧妙的魔术师吗？但你丝毫也没有令人掩鼻的那种江湖气息。

当你解脱了一切，你那槎枒的枝干挺撑在太空中的时候，你对于寒风霜雪毫不避易。

你没有丝毫依阿取容的姿态，但你也并不荒伧；你的美德像音乐一样洋溢八荒，但你也并不骄傲；你的名讳似乎就是“超然”，你超在乎一切的草木之上，你超在乎一切之上，但你并不隐遁。

你的果实不是可以滋养人？你的木质不是坚实的器材？就算你的落叶不也是绝好的引火的燃料吗？

可是我真有点奇怪了：奇怪的是中国人似乎都忘记了你，而且忘记得很久远，似乎是从古以来。

我在中国的经典中找不出你的名字，我很少看到中国的诗人咏赞你的诗，也很少看到中国的画家描写你的画。

这究竟是怎么一回事呀，你是随中国文化以俱来的亘古的证人，你不也是以为奇怪吗？

银杏，中国人是忘记了你呀，大家虽然都在吃你的白果，都喜欢吃你的白果，但的确是忘记了你呀。

世间上也尽有不辨菽麦的人，但把你忘记得这样普遍，这样久远的例子，从来也不曾有过。

真的啦，陪都不是首善之区吗？但我就很少看见你的影子；为什么遍街都是洋槐，满园都是幽加里树呢？

我是怎样的思念你呀，银杏！我可希望你不要把中国忘记吧。

这事情是有点危险的，我怕你一不高兴，会从中国的地面上隐遁下去。

在中国的领空中会永远听不着你赞美生命的欢歌。

银杏，我真希望呀，希望中国人单为能更多吃你的白果，总有能更加爱慕你的一天。

——选自郭沫若《郭沫若全集》，有改动

1. 文中的“你”指的是谁？作者为什么这样写？

____

2. 在文人的笔下，事物都像是被赋予了隽永深长的意义。请对比阅读许地山的《落花生》和郭沫若的《银杏》，完成下面的表格。

比较对象	《落花生》	《银杏》
事物		银杏
象征意义	默默无闻做着贡献的人们 勤劳朴实、敦厚努力的精神	
情感	和睦、温馨的生活情趣 对花生的赞美和喜爱	

3. 请你从“银杏，我真希望呀，希望中国人单为能更多吃你的白果，总有能更加爱慕你的一天”这句话来猜一猜作者真正希望的是什么。

____

____

活动三：品鉴事物情思

粽子里的乡愁

琦　君

异乡客地，越是没有年节的气氛，越是怀念旧时代的年节情景。

端阳是个大节，也是母亲大忙特忙、大显身手的好时光。想起她灵活的双手，裹着四角玲珑的粽子，就好像马上闻到那股子粽香了。

母亲包的粽子，种类很多，莲子红枣粽只包少许几个，是专为供佛的素粽。荤的豆沙粽、猪肉粽、火腿粽可以供祖先，供过以后称之为“子孙粽”，吃了将会保佑后代儿孙绵延。包得最多的是红豆粽、白米粽和灰汤粽。一家人享受以外，还要布施乞丐。母亲总是为乞丐大量地准备一批，美其名曰“富贵粽”。

我最喜欢吃的是灰汤粽。那是用旱稻草烧成灰，铺在白布上，拿开水一冲。滴下的热汤呈深褐色、内含大量的碱。把包好的白米粽浸泡灰汤中一段时间（大约一夜晚吧），提出来煮熟，就是浅咖啡色带碱味的灰汤粽。那股子特别的清香，是其他粽子所不及的。我一口气可以吃两个，因为灰汤粽不但不碍胃，反而有帮助消化之功。过节时若吃得过饱，母亲就用灰汤粽焙成灰，叫我用开水送服，胃就舒服了。这完全是自然食物的自然治疗法。母亲常说我是从灰汤粽里长大的。几十年以来，一想起灰汤粽的香味，就神往童年与故乡的快乐时光。但在今天到哪里去找旱稻草烧出灰来冲灰汤呢？

端午节那天，乞丐一早就来讨粽子，真个是门庭若市。我帮着长工阿荣提着富贵粽，一个个地分，忙得不亦乐乎。乞丐常高声地喊：“太太，高升点（意谓多给点）。明里去了暗里来，积福积德，保佑你大富大贵啊！”母亲总是从厨房里出来，连声说：“大家有福，大家有福。”

乞丐去后，我问母亲：“他们讨饭吃，有什么福呢？”母亲正色道：“不要这样讲。谁能保证一生一世享福？谁又能保证下一世有福还是没福？福要靠自己修的。时时刻刻要存好心，要惜福。他们做乞丐的，并不是一个个都好吃懒做，有的是一时做错了事，败了家业。有的是上一代没积福，害了他们。你看那些孩子，跟着爹娘日晒夜露地讨饭，他们做错了什么，有什么罪过呢？”

母亲的话，在我心头重重地敲了一下。有一回，一个小女孩悄声对我乞讨说：“再给我一个粽子吧。我阿婆有病走不动，我带回去给她吃。”我连忙给她一个大大的灰汤粽。她又说：“灰汤粽是咬食的（帮助消化），我们没什么肉吃呀。”我听了很难过，就去厨房里拿一个肉粽给她，她没有等我，已经走得很远了。我追上去把粽子给她。我说：“你有阿婆，我没有阿婆了。”她看了我半晌说：“我也没有阿婆，是我后娘叫我这么说的。”我吃惊地问：“你后娘？”她说：“是啊！她常常打我，用手指甲掐我，你看我手上脚上都有紫印。”

听了她的话，我眼泪马上流出来了，我再也不嫌她脏，拉着她的手说：“你不要讨饭了，我求妈妈收留你，你帮我们做事，我们一同玩，我教你认字。”她静静地看看我，摇摇头说：“我没这个福分。”

她甩开我的手，很快地跑了。

我回来呆呆地想了好久，告诉母亲，母亲也呆呆地想了好久，叹口气说：“我也不知道要怎样做才周全，世上苦命的人太多了。”

日月飞逝，那个讨粽子的小女孩，她一脸悲苦的神情，她一双吃惊的眼睛，和坚决地快跑而逝的背影，时常浮现在我心头。她小小年纪，是真的认命，还是更喜欢过乞讨的流浪生活？如果她仍在人间的话，也已是年逾七旬的老妪了。人世茫茫，她究竟活得怎样，活在哪里呢？

每年的端午节来临时，我很少吃粽子，更无从吃到清香的灰汤粽。母亲细嫩的手艺，和琐琐屑屑的事，都只能在不尽的怀念中追寻了。

——选自琦君《琦君散文精选》，有改动

1. 母亲包的粽子有哪些种类？“我”最爱的是哪一种？为什么？

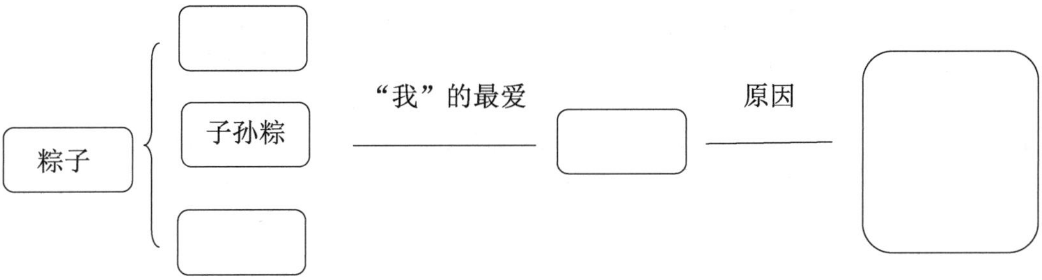

2. 结合全文，分析母亲是一个怎样的人，说说你的理由。

3. 结合全文，谈谈题目里“乡愁”二字蕴含的情感。

第二单元　挑战阅读马拉松

同学们，我们在课堂上收获了不少提高阅读速度的方法，今天，就让我们开启阅读加速度，一起挑战阅读马拉松，做积极的阅读者吧！

任务一：阅读热身操

同学们，列夫·托尔斯泰曾说过："预习是学习的基石，是学习的前提条件。"围绕预学单开展自主学习吧！

阅读小热身

1. 集中注意力，试一试你在10秒钟内能记住几个词句。然后用书本将词句盖上，把它们默写下来。

负荆请罪　　地道的气孔口都开在隐蔽的地方　　紧走搭石慢过桥

喜爱阅读的孩子　　人们不喜欢懒惰的人　　喷气式飞机

____

____

2. 打开书本校对一下，把漏写的和写错的词句抄在下面的横线上吧！

____

____

学习活动一：阅读初始值

我的阅读有话说。与同学交流课外阅读的体验，说说各自的经验或困惑，填写下列卡片。

◆**我的阅读有话说**

我的阅读经验	我的阅读困惑
1. ________	1. ________
2. ________	2. ________
3. ________	3. ________

学习活动二：阅读技能练

我的阅读我掌控。请完成下面的测试，看看自己的阅读速度和技能掌握情况吧！

1. “过了几年，秦王约赵王在渑池会面。赵王胆怯，不敢去。但蔺相如和大将军廉颇认为对秦王不能示弱，还是去的好，赵王才决定动身，让蔺相如随行。”你读以上内容时，遇到了什么困难？

□有不理解的词语。

□读着读着忘记了前面的内容。

2. 面对上述困难，你是怎么处理的呢？

□停下来思考词语的意思，再往下读。

□继续读，不管是否理解或者忘记。

3. “人在奋力奔跑的时候，最大速度能够达到 44 千米每小时，这个速度跟鸵鸟比起来差远了。在两条腿的动物里，鸵鸟应该算是奔跑的世界冠军。”请你读后快速复述以上内容。

□可以大概复述，因为我是连词成句地读的。

□不能复述，因为我是一个词一个词地读的。

同学们，爱因斯坦曾说过："学习知识要善于思考，思考，再思考。"打开研学单，开始学习吧！

学习活动一：阅读初始值

阅读计时器。请先阅读、理解并摘录每课导语中的提高阅读速度的方法，然后开始计时阅读。

摘录内容	课文	阅读时间
	《搭石》	约____分钟
	《将相和》	约____分钟
	《什么比猎豹的速度更快》	约____分钟
	《冀中的地道战》	约____分钟

学习活动二：阅读技能练

1. 了解阅读方法。同学们快速默读课文《搭石》。读完后合上书，回忆课文内容，判断对错。

（1）每年汛期，山洪暴发之后，家乡就会出现搭石。　（　　）

（2）每到夏季，人们会早早地将搭石摆放好。　（　　）

（3）搭石其实就是天然石块，踩上去难免会活动，要慢慢走才能保持平衡。　（　　）

（4）村里的年轻人十分尊敬老人，总会背老人走搭石。　（　　）

（5）作者写《搭石》主要是为了赞美搭石默默奉献的精神。　（　　）

2. 习得阅读方法。

（1）阅读方法理一理。结合本单元《语文园地》中的交流平台，梳理并讨论提高阅读速度的好方法。

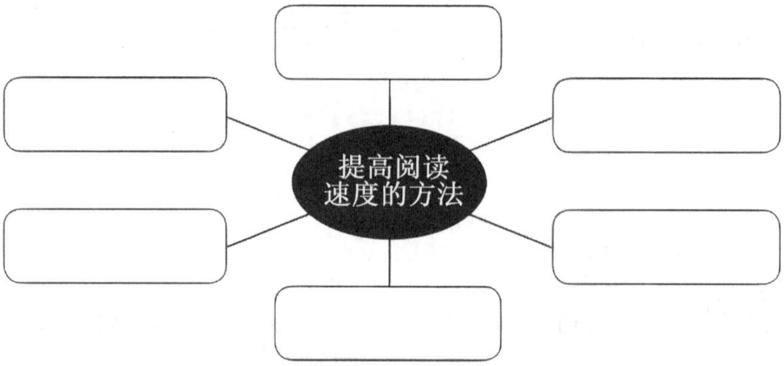

（2）阅读方法学一学。“之”字形阅读也很棒！先聚焦左侧的黑点，然后沿着箭头把目光快速移动到右侧的黑点，接着再沿着箭头把目光快速移动到下一行的黑点，以此类推，你就能快速阅读啦！试一试吧！

●搭石，构成了家乡的一道风景。秋凉以后，人们早早地●
●将搭石摆放好。如果别处都有搭石，唯独这一处没有，人们●
●会谴责这里的人懒惰。上了点儿年岁的人，无论怎样急着赶路，●
●只要发现哪块搭石不平稳，一定会放下带的东西，找来合适●
●的石头搭上，再在上边踏上几个来回，直到满意了才肯离去。●

3. 运用阅读方法。

（1）阅读时间比一比。运用学到的阅读方法，再读《搭石》，记录阅读时间。

课文	第一次 阅读时间	第二次 阅读时间	速度提升
《搭石》	约____分钟	约____分钟	约____分钟

（2）阅读成果填一填。根据课文内容想画面，完成练习。

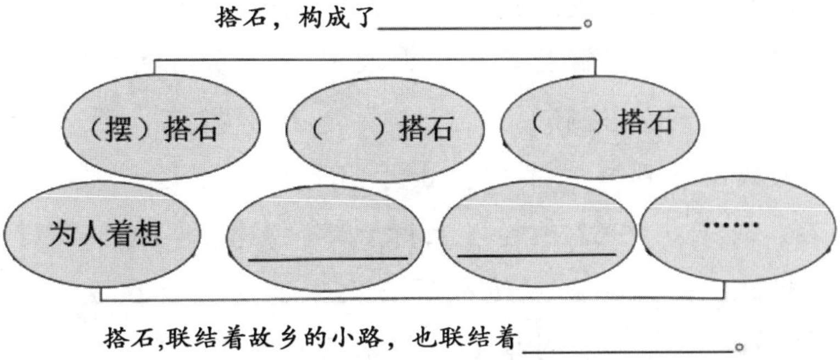

学习活动三：阅读加速度

用较快的速度默读刘章的《写作<搭石>的前前后后》，记下所用的时间。集中注意力，运用跳读、“之”字形阅读等方法，不要回读。完成练习题。

阅读链接：

写作《搭石》的前前后后

刘　章

我出生在河北省兴隆县上庄村。

那是一条十里狭长的山村，人们逐水而居。一条无名溪水的两岸，是大山、村庄、梯田和果园。

我们村有六个自然村，其中五个村的人家散落在小溪旁，我出生的那个小村是溪水的源头之一，人家散落在两条山谷里，泉水汩汩，下自成“溪”。

从我的祖宗开垦小村，到我这儿才六代，算来也就是一百几十年的光阴。一代又一代人，出山串亲、赶集，唯有反复跨溪而行，除此，别无选择。

小溪最窄处仅五六米，最宽处也不过 30 米。平时水最深处也不过 1 米。年年雨季过后，秋风将至之时，人们为了不涉凉水，在每一个跨溪水里摆上一排方石，这就叫“搭石”。小溪冬天结冰，人们来回走冰，只有窄处才搭小桥。夏天山洪暴发。唯有来回蹚水，或背水而叹。一年 365

天，有200多天走搭石。我是在抗日烽火年代出生的。七八岁前钻深山老林躲鬼子，没走过搭石。解放后才跟大人出山走搭石的。人们祖祖辈辈走搭石，习以为常，司空见惯，十里路要走多少搭石，没人数过。直到1964年我岳父从山外到我家串门，出于好奇，一道道计数，十里路竟走了32道搭石。我是从1962年起当上村干部的，直到1975年到县城工作，13年间，不超过3天就要到乡镇办事一次，都是当天往返。一天要走64回搭石，总共走了千万回，对搭石的印象怎能不深刻呢？

1977年年末，我来到河北省省会石家庄工作。

当我见到人们抢着挤公共汽车的时候，见人们无序地匆匆横穿马路的时候，心里便幽幽地想到家乡的潺潺小溪，想到山里人走搭石的情景：一个人跟着一个人，动作协调有序，足音踏踏，水声淙淙，人影绰绰；两个人对面来到溪边，微笑止步，示意让对方先行。还有，年轻人背老人，大人抱娃娃，在记忆里，如他们留在水中的倒影。当我见马路上有砖头或树枝，人们宁可绕着走，也不肯弯腰拾起的时候，我又想到山里人在雨水过后，自觉摆搭石的情景，想到有人发现搭石不稳，退回岸上，找块好石头搭上的情景……

噢，搭石上有新意。搭石上有美，搭石上有情。搭石的特殊渡水方式造就和展示了山里人勤劳、热心公益、互助礼让与尊重的美德。这样，我便在1980年2月写了短文《搭石》。

我写《搭石》，没有任何前人文字可以借鉴，可以说是半生体验，一日写成，是生活的赐予。古代的文人们，写小桥流水，写古道、渡口，没人写搭石。我的文章发表后，在湖北诗人管用和的诗里读到一首同一题材的《踏石》，我想，也许叫“踏石”更准确。后来查《汉语大辞典》，果然有“踏石”这一词条：“踏脚的石头，安置于浅水难行之处，便于行走。”举例用的是孙犁《白洋淀纪事·吴召儿》：“不用说雁北那蹚不完的冷水小河，蹬不住的冰滑踏石，转不尽的阴山背后……”大师的命名。当是无可置疑的。

搭石是特定自然环境里的产物，只有在三四尺深以内的小溪、小河里才会摆搭石，在大江大河里则无能为力。

现在，我的家乡十里山村已经贴着山根儿修了公路，人们进进出出。

骑自行车、摩托车，坐汽车，再也不用走搭石了。中国正在搞公路村村通工程，许多山村都不用走搭石了。可是，搭石是不会消失的，永远会摆在村庄通向田地或山野的溪流里。它是一种特殊的道路，因为只能单向行走所以要互相礼让。只要人们自觉地摆搭石，那种美就会永远存在。

——选自王林《作家和你谈课文》，有删改

1. 我的阅读时间约____分钟。

2. 读完之后，你对搭石有了哪些新的了解？

____

3. 在科学技术飞速发展的今天，作者为什么说搭石是不会消失的呢？

____

同学们，陆游曾写道：“纸上得来终觉浅，绝知此事要躬行。”翻到拓学单，检测一下你们的学习成果吧！

1. 阅读竞速赛。请运用新学到的阅读方法，计时阅读《神医王十二（节选）》。

神医王十二（节选）

俗话说得好：“真人不露相，能耐暗中藏。”在天津，只有本领高强的，有非常人所能的能耐才能立足。不论哪行哪业，都得有齐天的绝技。在天津，跟正骨拿环的苏大夫齐名的便是神医王十二。

那种“妙手回春”的名医哪儿都有。可是神医名医，一天一地。神在哪儿？就是你生了急病，得了绝症，别人都无能为力，没有办法的时候，他能把你从死亡线上拉回来。最神的是那法儿不是早就准备好的，是忽然间灵光一闪，信手拈来的，而且药到病除。

神医王十二的故事多如牛毛，只说两段。一天，神医王十二在大街上走，忽然听见有人尖叫。一看，一个正在铺里打铁的铁匠两手捂着脸，痛得大喊大叫，在地上打滚。王十二急忙跑过去，问铁匠出了什么事。那个铁匠说：“打铁的时候铁渣子迸进眼睛里，我要瞎了！”王十二不慌不忙地说：“你不要用手揉，越揉扎得越深。你把手拿开，睁开眼睛，让我看看。”铁匠松开手，用力睁开眼，一颗又小又黑的铁渣子扎在眼球上，冒泪又流血。

王十二向两边看了看，这条街全是各样的洋货店，王十二喜好洋人新鲜的玩意儿，常来逛。他突然灵光一闪，朝一家店跑去。王十二用包做押，借走了一个东西。王十二对铁匠说：“把眼睁大！”铁匠用了九牛二虎之力使劲一睁，只听“叮”的一声，王十二说：“好了，没事了。铁渣子出来了，还疼不疼？”铁匠眨了眨眼，真的不疼了，跟没事人一样。不等他谢，王十二已经收回了绿提包，走了。铁匠纳闷，到店里打听。店员告诉他，刚才王十二借走的是吸铁石，能吸引铁质的东西。说着，就拿着把桌上的铁东西都吸起来。铁匠头次见到，下巴差点没掉地上，惊讶不已。可是，王十二怎么想起来的？神不神？后面的更神。

一天，一个喝醉的大汉被一辆马车撞在墙上，肋骨断了，从皮里出来，插在了砖墙里。壮汉大叫：“我这个笨蛋要死在这了！快来救我！”王十二正好路过，借了条手巾，在一盆热水里一浸一捞，手脚麻利，一把捂住大汉的脸。大汉憋得大叫，使劲挣，王十二死命紧捂着不放。大汉在里面肯定脏话连天，听上去却像猪叫。王十二仍然不放。大汉的胸膛越来越大，大得吓人。只听“砰”的一声，肋骨从砖墙里自己退了出来。王十二手一松，大汉的劲也松了，浑身一软，一屁股坐在了地上，出了一声：“我活下来了。”王十二说：“赶快送他去见苏大夫去接骨头吧。”说完就拎着绿提包走了，好像什么也没有发生过。在场的人看得目瞪口呆。谁也不知道怎么办到的。

人想不到的只有神。所以天津人叫他神医王十二。

——选自冯骥才《俗世奇人》，有删改

阅读《神医王十二（节选）》（1000 字左右），你用了约____分钟，阅读速度为每分钟______字左右。

2. 阅读评价单。对照标准，评一评自己的阅读速度吧！

题目	优秀（每分钟阅读300 字及以上）	良好（每分钟阅读少于 300 字）
《神医王十二（节选）》	☆☆☆	☆☆

任务二：阅读加油站

同学们，列夫·托尔斯泰曾说过：“预习是学习的基石，是学习的前提条件。”围绕预学单开展自主学习吧！

学习活动：阅读中梳理

学习速读小贴士。根据不同的速读方法，默读课文，完成阅读记录。

（1）连词成句快速读。

速读小贴士	**连词成句快速读** 一目一词：他／脱下／战袍，／背上／绑着／荆条，／到／蔺相如／门上／请罪。 → 一目一短语：他／脱下战袍，／背上／绑着荆条，／到蔺相如门上／请罪。 → 一目一句：他脱下战袍，背上绑着荆条，到蔺相如门上请罪。
速读记录	用这样的方法默读《将相和》，用了________分钟，速度提高了__________分钟。

（2）带着问题快速读。

速读小贴士

带着问题快速读

阅读要做到快而准。光速度快还不行，还要理解课文的内容。→ 要提出高质量的问题，才有助于快速理解课文内容。→ 边读边记录段落中的关键词（时间、地点、人物、动作和细节等）。

速读记录

阅读《什么比猎豹的速度更快》，根据课文内容，按运动速度的快慢给下面的事物排序。

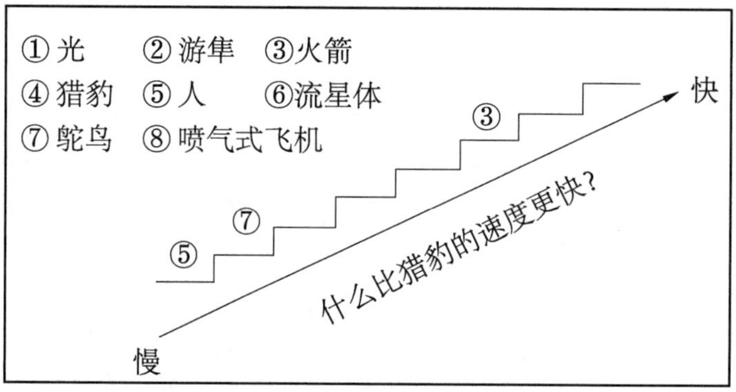

阅读《冀中的地道战》，提出问题，带着问题读课文，并和同学交流。

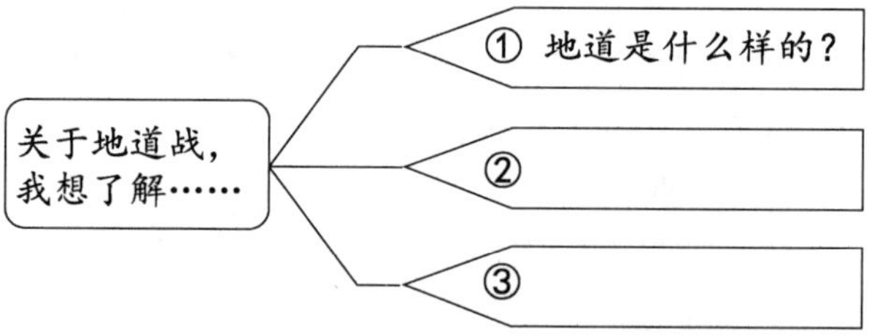

我的阅读体会

我知道地道由________、________、________、________等组成。看到这样的构造，我想说：________________。

读完课文，我能解答第（　　）个问题：________________

同学们，爱因斯坦曾说过："学习知识要善于思考，思考，再思考。"打开研学单，开始学习吧！

学习活动一：阅读中梳理

技能修炼房。自主渐进学习四篇课文，抓住课前学习提示及课后问题，完成相关阅读理解、实践运用。

课文题目	《搭石》	《将相和》	《什么比猎豹的速度更快》	《冀中的地道战》
阅读并理解	问题：课文围绕"搭石"描写了哪几个画面？从中体会到了一种什么情感？	问题：文中的"将"和"相"分别指谁？文章讲了哪几个故事？	问题：你抓住了哪些关键句？根据关键句，完成课后第二题。	问题：地道是什么样的？在地道里怎么打仗？
	理解：	理解：	理解：	理解：
所用时间				
小组同伴评价	☆☆☆	☆☆☆	☆☆☆	☆☆☆

学习活动二：阅读中品味

1. 走进阅读任务。学习了《将相和》之后，廉颇、蔺相如给你留下了怎样的印象？结合具体事例说一说。

（图源：王重英、王重圭绘《将相和》，人民美术出版社，1981 年版）

____

____

____

2. 扮演文中角色。同学们，学了此文，我们仿佛置身于剑拔弩张的战国。我看见大家在暗暗较劲，随着故事情节的发展，我们一会儿眉头紧皱，一会儿怒目圆睁，接着又长舒一口气。现在我们进入战国时期的秦国大殿里、渑池会场上、赵国蔺相如府上，去再现历史一幕。小组合作，任选一个故事，分工扮演文中角色进行练习。请一个小组表演（以《完璧归赵》为例），其他小组评价。

人物	动作	语言	心理	神态	优秀：☆☆☆☆☆ 良好：☆☆☆ 合格：☆☆
蔺相如					
秦王					
手下人					
总体评价					

学习活动三：阅读中比较

1. 阅读提速赛。运用提高阅读速度的策略，阅读以下选文，完成练习。

我们就这样开始了地下的生活。像这样在地下 500 米处人口超过 100 万的城市遍布各个大陆。在这样的地下城中，我读完小学并升入中学。学校教育都集中在理工科上，艺术和哲学之类的教育已压缩到最少，人类没有这份闲心了。这是人类最忙的时代，每个人都有做不完的工作。历史课还是有的，只是课本中前太阳时代的人类历史对我们而言就像神话一样。

我的父亲是空军的一名近地轨道宇航员，在家的时间很少。

记得在变轨加速的第五年，当地球处于远日点时，我们全家到海边去过一次。运行到远日点顶端那一天，是一个如同新年一样的节日，因为这虚幻的安全感。像以前到地面上去一样，我们需要穿上带有核电池的全密封加热服。外面，地球发动机林立的刺目光柱是能看见的主要东西，地面世界的其他部分都淹没于光柱的强光中，也看不出变化。我们乘飞行汽车飞了很长时间，到了光柱照不到的地方，到了能看见太阳的海边。这时的太阳已变成了棒球大小，一动不动地悬在天边，它的光芒只在自己的周围映出了一圈晨曦似的亮影。天空呈暗暗的深蓝色，星星仍清晰可见。举目望去，哪有海啊，眼前是一片白茫茫的冰原。

——选自刘慈欣《流浪地球》，有删改

（1）文中“我”的父亲是一名____________________。

（2）你是怎么理解文中“课本中前太阳时代的人类历史对我们而言就像神话一样”这句话的？

____

____

（3）下列与片段内容相符的一项是（　　）。

A. 人类世界转到地下后，生活开始慢慢空闲下来了。

B. 虽然生活地点发生了变化，但是要去地面上看海边日出还是十分便利的。

C. 我们来到海边，看到了深蓝色的大海和美丽的日出。

D. 如果要到地面上去，我们需要穿上带有核电池的全密封加热服。

2. 阅读终点线。复旦大学中文系严锋教授是这样点评《流浪地球》这部作品的：“此作品极为感人。有人言，没看过这篇小说就不算看过科幻小说。在读过刘慈欣几乎所有作品以后，我毫不怀疑，这个人单枪匹马，把中国科幻文学提升到了世界级的水平。”

之后，这篇小说被改编成了同名电影。电影的结尾和小说的有所不同。读了片段后，同学们可以读读原著，还可以看看电影，感受会更加深刻。

（1）我（我们小组）去看了电影，我最大的感受是________________

____

____

____

（2）你会向身边的家人和小伙伴推荐这本书或这部电影吗？你会怎么推荐？（方式、推荐语）

____

____

同学们，陆游曾写道：“纸上得来终觉浅，绝知此事要躬行。”翻到拓学单，检测一下你们的学习成果吧！

1. 阅读妙招来回顾。

2. 阅读实践来闯关。运用书中学到的阅读方法，阅读《神医王十二（节选）》，完成下面表格。

阅读材料	阅读时间	阅读成果（完成时间：5分钟）	思考：如何在有限的时间内更加深入理解文章内容？
《神医王十二（节选）》		梳理神医王十二治好病人的过程____ ______________________	

任务三：阅读冲刺跑

同学们，列夫·托尔斯泰曾说过："预习是学习的基石，是学习的前提条件。"围绕预学单开展自主学习吧！

学习活动一：阅读故事会

我的读写宝典。读书和写作是生活中重要的事情，以一定的速度阅读，我们才能读得更多、更好。正所谓"读书破万卷，下笔如有神"，本单元我们学了很多阅读和写作的方法，快快用自己喜欢的方式进行梳理，形成"我的读写宝典"吧！

◆我的读写宝典	
我的阅读方法	我的写作方法

学习活动二：漫画人物展

1. 我会审题。

（1）本次习作是写有突出______的老师，可以从外貌______、______等方面来写，并选择一两件能突出其特点的______来写。

（2）本次习作的重点在于（　　）。

A. 表达对老师的敬爱之情

B. 具体刻画老师的形象，突出其特点

C. 写出老师热爱漫画的特点

D. 给老师画一幅漫画并给老师看

2. 看图激趣。

仔细观察书本中的漫画人物图片，想一想语文老师、数学老师、体育老师各有什么特点。可以用词语概括。

漫画的表现手法很夸张，我们也可以像漫画那样，抓住人物的外貌、性格、喜好、教学风格等方面最突出的特点来进行观察，一定很有趣。

语文老师：______________

数学老师：______________

体育老师：______________

3. 我会准备。

写作前，先确定写哪位老师，再思考要写人物的什么特点，最后选择最能体现人物特点的事件来写。

（1）定中心。在我的身边，有______的______老师，有______的______老师……我要写的是______，他（她）的特点是______________。

（2）找角度。我打算从他（她）的______________等方面来对他（她）进行描写。

（3）选事例。围绕这位老师的特点，让我印象深刻的一件事是（用简单的一两句话说说事情的梗概）：______________

____

同学们，爱因斯坦曾说过："学习知识要善于思考，思考，再思考。"打开研学单，开始学习吧！

学习活动一：阅读故事会

1. 我会回顾。这次习作是要通过具体事例描写人物特点，同学们可以借鉴本单元《将相和》一课的描写方法，以具体事例突出蔺相如、廉颇的性格特点。

人物	事件	人物特点	描写方法
蔺相如	完璧归赵		
	渑池会面		
廉颇	负荆请罪		

2. 我会判断。

有意识地观察、记录你所喜欢的老师的言行、举止，并运用细节描写写出来，这样不仅能突出人物的特点，还能让人物形象更加鲜活。

(1) 我害怕极了，连大气都不敢出，心怦怦直跳，总觉得有个灾难像飞鸟似的在天空中飞来飞去，随时有可能砸到我的头上。

描写方法：__________ 人物特点：__________

(2) 她看人的眼神非常严厉，那眼神真像要射出火花一般！

描写方法：__________ 人物特点：__________

(3) 他的鬓发早已发白，饱经风霜的脸上布满了皱纹，颧骨深深地凹了进去。

描写方法：__________ 人物特点：__________

学习活动二：漫画人物展

小试牛刀。你打算写老师哪一方面的特点？选出印象最深刻的、最能体现老师特点的具体事例，借鉴《将相和》描写人物特点的方法，写一写自己的老师。

________老师是一位__________的老师。________________________________

____

____

____

学习活动三：阅读大闯关

猜猜 Ta 是谁。将习作的精彩片段读给全班同学听一听，在不透露这位老师是谁的情况下，请大家猜一猜 Ta 是谁。

猜猜 Ta 是谁之身边的老师 （阅读材料：本班学生的精彩片段投稿）	用上本单元学习的提高阅读速度的方法，快速默读材料（限时 5 分钟） 我猜这位老师是________________，因为__________ ____

同学们，陆游曾写道：“纸上得来终觉浅，绝知此事要躬行。”翻到拓学单，参加一次阅读大挑战吧！

1. 记忆力大挑战。让我们跟着本单元内容一起练一练眼力和记忆力吧！看看 5 分钟能记住多少。

星级	记忆内容
一星级	汛期、浩瀚、挽留、擅长、搁浅、拐卖、间隔、勉强、计划、削弱、任命
二星级	侵略、懒惰、平衡、绰号、璧玉、诺言、卿大夫、削弱、侮辱、输赢、堡垒、陷入、岔路
三星级	A. 完璧归赵、渑池会面、负荆请罪、怒发冲冠 B. 指鹿为马、一字千金、破釜沉舟、韦编三绝 C. 约法三章、纸上谈兵、卧薪尝胆、毛遂自荐 D. 蔺相如、秦始皇、项羽、刘邦、张良、李广

2. 漫画人物集。留心观察，选择本单元中令你印象深刻的人物，配上独特的画风或夸张的情节，制作漫画人物图谱或人物小传。

3．“阅”来“悦”快。选择一篇自己喜欢的文章，用上本单元的提高阅读速度的方法来挑战吧！

阅读次数	阅读所用时间	阅读小妙招	文章内容思维导图（可图文结合）
第一次			
第二次			
第三次			
第四次			
……			

素养测评

同学们，我们将乘坐“和谐号阅读快车”，在高速阅读通道上开展“快速阅读分享会”！

【阅读快车第一站】字音、字形、字义，可以让我们顺利买到“和谐号阅读快车”的车票！

1．根据拼音写词语，补全车票。

中华民族崇尚美德，我们赞美勤劳，批评lǎn duò（　　）；赞颂慷慨，鄙弃自私；歌颂勇敢，鄙视dǎn qiè（　　）。你看，廉颇负荆请罪，wéi hù（　　）了与蔺相如之间的友谊，最终他们tóng xīn xié lì（　　），抵御列强，保卫赵国；你看，冀中人民在dǎng（　　）的lǐng dǎo（　　）下，在yǐn bì（　　）的地道里打响yóu jī（　　）战，fěn suì（　　）了敌人的扫荡，保护了自己，消灭了bù jì qí shù（　　）的鬼子，赢得了这场抗战的胜利。

2. “和谐号车票”中加点字依次标上了读音，完全正确的一项是（　　）。

A. jīn　zuì　yù　yíng　　B. jīng　zuì　yù　yíng

C. jīng　zuì　yù　yín　　D. jīng　zhuì　yù　yíng

3. “和谐号车票”中与“抵御列强”的“强”读音不同的一项是（　　）。

A. 顽强　　B. 强制　　C. 强人所难　　D. 身强体壮

4. 有同学在学课文《将相和》时，循着注解找到了《史记·廉颇蔺相如列传》。他发现课文中写渑池会见后，廉颇对别人所说的那句“一定要让他下不来台”，司马迁在原文中写的是“必 rǔ 之”，下列字形中“rǔ”的字形正确的一项是（　　）。

A. 辱　　B. 乳　　C. 汝　　D. 儒

5. 下列词语中的“jì”和“bù jì qí shù”的“jì”意思相同的是（　　）。

A. 长久之 jì　　B. 言听 jì 从　　C. jì 日可待　　D. 缓兵之 jì

【阅读快车第二站】读名言警句让我们懂得珍惜时间，快速了解“和谐号阅读快车”！

1. 动车上，弟弟吃饱饭后什么也不做，妈妈用“________，________”来劝诫，他不好意思地低下了头。

2. 世间万物变化迅速，我们要不断学习，更新知识，因为“多少事，________；天地转，________。一万年太久，________”。

3. 时间宝贵，不能白白浪费。岳飞也用“莫等闲，________，________”激励自己，不要轻易虚度壮年光阴，争取早日完成抗金大业。

4. 陶渊明用“________，________，________”劝勉我们不要辜负好时光。

【阅读快车第三站】速读美文，可以让我们快速登上“和谐号阅读快车”！

用上合适的小妙招，用较快的速度默读短文，了解短文的主要内容。

端午的鸭蛋（节选）
汪曾祺

看了题目，我想知道鸭蛋有什么特点，还想知道……带着这些问题，边读边批注，能读得更快。

集中注意力，不回读。

我的家乡是水乡。出鸭。高邮大麻鸭是著名的鸭种。鸭多，鸭蛋也多。高邮人也善于腌鸭蛋。高邮咸鸭蛋于是出了名。我在苏南、浙江，每逢有人问起我的籍贯，回答之后，对方就会肃然起敬：“哦！你们那里出咸鸭蛋！”上海的卖腌腊的店铺里也卖咸鸭蛋，必用纸条特别标明“高邮咸蛋”。高邮还出双黄鸭蛋。别处鸭蛋也偶有双黄的，但不如高邮的多，可以成批输出。双黄鸭蛋味道其实无特别处，还不就是个鸭蛋！只是切开之后，里面圆圆的两个黄，使人惊奇不已。我对异乡人称道高邮鸭蛋，是不大高兴的，好像我们那穷地方就出鸭蛋似的！不过高邮的咸鸭蛋，确实是好，我走的地方不少，所食鸭蛋多矣，但和我家乡的完全不能相比！曾经沧海难为水，他乡咸鸭蛋，我实在瞧不上。袁枚的《随园食单·小菜单》

这一处我不理解，不影响阅读，跳过去继续读。

有“腌蛋”一条。袁子才这个人我不喜欢，他的《食单》好些菜的做法是听来的，他自己并不会做菜。但是“腌蛋”这一条我看后却觉得很亲切，而且“与有荣焉”。文不长，录如下：

腌蛋以高邮为佳，颜色红而油多，高文端公最喜食之。席间，先夹取以敬客。放盘中，总宜切开带壳，黄白兼用；不可存黄去白，使味不全，油亦走散。

读完这段，我能概括出它主要写什么。

这里介绍了特点，我把它圈出来。

高邮咸蛋的特点是质细而油多。蛋白柔嫩，不似别处的发干、发粉，入口如嚼石灰。油多尤为别处所不及。鸭蛋的吃法，如袁子才所说，带壳切开，是一种，那是席间待客的办法。平常食用，一般都是敲破“空头”用筷子挖着吃。筷子头一扎下去，吱——红油就冒出来了。高邮咸蛋的黄是通红的。苏北有一道名菜，叫作“朱砂豆腐”，就是用高邮鸭蛋黄炒的豆腐。

我在北京吃的咸鸭蛋，蛋黄是浅黄色的，这叫什么咸鸭蛋呢！

端午节，我们那里的孩子兴挂“鸭蛋络子”。头一天，就由姑姑或姐姐用彩色丝线打好了络子。端午一早，鸭蛋煮熟了，由孩子自己去挑一个，鸭蛋有什么可挑的呢？有！一要挑淡青壳的。鸭蛋壳有白的和淡青的两种。二要挑形状好看的。别说鸭蛋都是一样的，细看却不同。有的样子蠢，有的秀气。挑好了，装在络子里，挂在大襟的纽扣上。这有什么好看呢？然而它是孩子心爱的饰物。鸭蛋络子挂了多半天，什么时候孩子一高兴，就把络子里的鸭蛋掏出来，吃了。端午的鸭蛋，新腌不久，只有一点淡淡的咸味，白嘴吃也可以。

——选自汪曾祺《汪曾祺全集》

1. 本文约 900 字，我的阅读时间约__________分钟。

2. 请提出问题，并选择一个已解决的问题与同学交流。

我的问题：____

我的答案：____

3. 简要概括短文主要介绍了哪三个方面的内容。

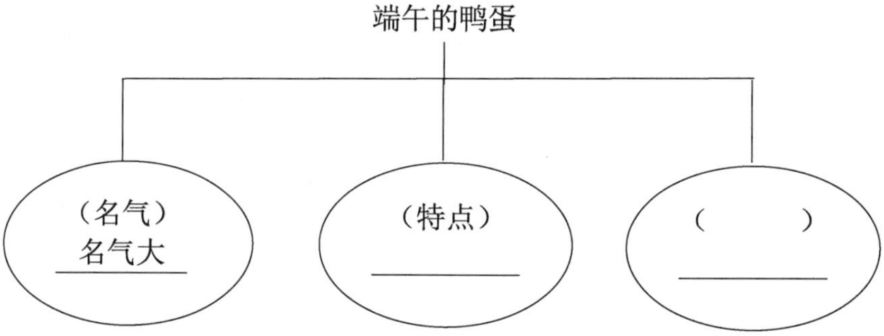

4. 短文里随处可见作者淡淡的幽默感和对家乡鸭蛋的喜爱之情，请把你印象最深的语句摘录下来，读一读。

____

____

第三单元　办一场民间故事游园会

同学们，民间故事是人们口耳相传的经典，是老百姓智慧的结晶，它蕴含着千百年来人们对世界的认识和对美好生活的向往与追求。它为什么能够流传得如此久远呢？是因为人们在一次次的传播与讲述中，通过创意表达和传承，延续着它的价值与生命力。现在，让我们在民间故事的宝藏库里探索、发现，用独特的方式讲述并传承民间故事吧！

任务一：打开民间故事宝藏库

同学们，列夫·托尔斯泰曾说过："预习是学习的基石，是学习的前提条件。"围绕预学单开展自主学习吧！

自主整理和归纳知识宝典

难读、难写的字词：________________________________

____

富有民间故事特色的字词：____________________________

____

学习活动一：听一听从前的故事

找一找有趣的民间故事。

身边的民间故事		
民间故事	搜集方式	故事来源

- 可以从家人、亲戚或邻居那里收集他们所知道的民间故事。
- 利用图书馆资源，查找相关的书籍或资料。
- 上网搜索，特别是一些文化传承网站或论坛。
- 记录下民间故事的来源和讲述者，以尊重原创和传承。
- 还可以试着给收集到的民间故事分分类。

学习活动二：讲一讲经典的故事

制作人物卡片。朗读课文《猎人海力布》，给主人公海力布制作一张简单的人物卡片吧！

姓名：________________

职业：________________

我眼中的海力布：________________

____

（图源：温儒敏《语文·五年级上册》，人民教育出版社，2019 年版）

同学们，爱因斯坦曾说过：“学习知识要善于思考，思考，再思考。”打开研学单，开始学习吧！

学习活动一：听一听从前的故事。

1. 看词猜故事。看到这些词语，你会想到哪个民间故事呢？

（1）许仙、白蛇、青蛇：________________

（2）孟姜女、许远、长城：________________

（3）十八相送、英台哭坟、化蝶重生：________________

（4）男耕女织、大河阻隔、鹊桥相会：________________

2. 介绍民间故事。结合预学单中的学习活动一，选择一个你最喜欢的民间故事，向组内同学介绍一下吧！

评价标准	达成度	自评
能选择一个民间故事	☆☆☆☆☆	
能说出故事的来源	☆☆☆☆☆	
能简单地将故事的主要内容说清楚	☆☆☆☆☆	

学习活动二：讲一讲经典的故事

1. 画一画。用概括小标题的方法，试着用山形图来绘制情节图。

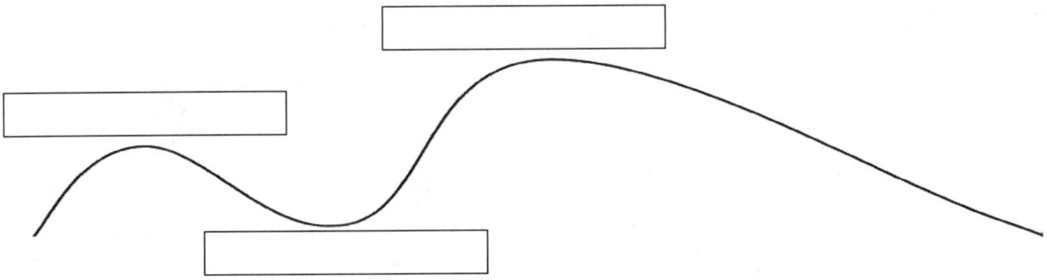

2. 讲一讲。借助山形图讲故事可以使得故事更加生动、清晰、有条理，还能将故事中最吸引人的部分凸显出来，更好地吸引听众的注意力，

让故事更加容易被理解和记忆。利用山形图，再试着讲一讲海力布的故事。

学习活动三：换一换身份讲故事

1. 慧眼找不同。下面是故事中的老人向大家讲述的内容，你发现哪些不同了吗？

> 那天，海力布去打猎，没过多久就慌慌张张地跑回来，着急地对我们说："快，快收拾东西，我们得离开这里！这个地方不能再住了！"我们听了都觉得一头雾水，毕竟这里住得好好的，为什么要突然搬家呢？不过，尽管海力布一个劲地催促我们，大家还是半信半疑，不太敢相信他的话。

（1）身份不同：我发现讲述时，主要称谓变成了第________人称，都是从"我""我们"的角度出发的。

（2）表达不同：我发现讲述时更关注人物的____________描写，例如______________________________________。

2. 内心大探秘。在"劝搬家"这一情节中，海力布和乡亲们经历了怎样的心路历程？借助鱼骨图一探究竟吧！

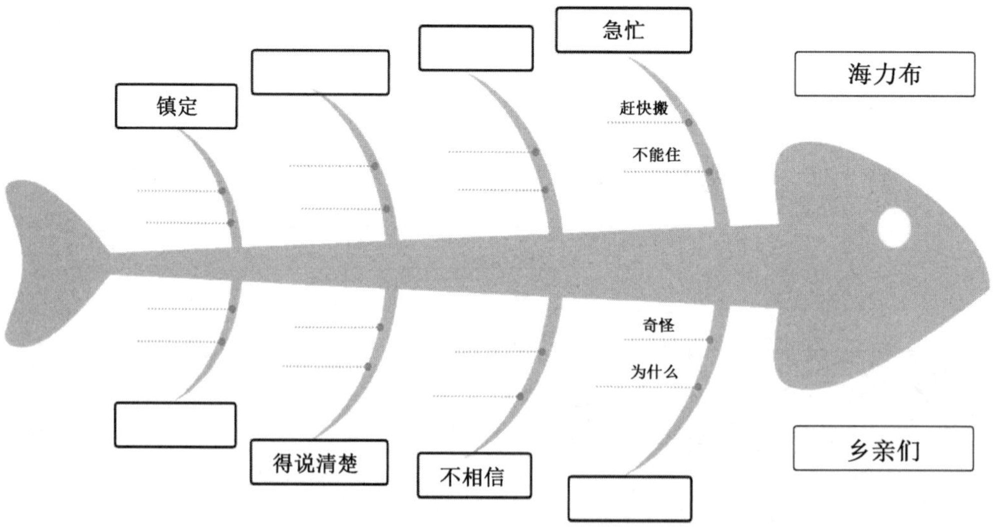

3. 故事接力棒。根据鱼骨图，继续将老人的故事讲下去。

> 海力布见我们犹豫不决，脸上露出了前所未有的焦急。他……

同学们，陆游曾写道：“纸上得来终觉浅，绝知此事要躬行。”翻到拓学单，检测一下你们的学习成果吧！

学习活动一：听一听从前的故事

评一评。在众多的民间故事中，我们会发现一些极具特色的人物形象。他们或机智勇敢，或善良无私，或神秘莫测。请结合本任务中的民间故事，或从你收集到的民间故事中挑选出这样的人物，并简要介绍他们的特点。

人物姓名			
故事名称			
人物特点			

学习活动二：讲一讲经典的故事

1. 我的民间故事。“有一天，小白蛇去找他的救命恩人——海力布，可是他找了很久很久，始终没有找到……”你是否想过之后发生的故事？试着从小白蛇的角度讲一讲。

评价标准	达成度	自评
注意人物身份，用准人称代词	☆☆☆☆☆	
关注人物心理、动作、语言等	☆☆☆☆☆	
故事情节合理，有奇幻色彩	☆☆☆☆☆	

2. 挖掘民间故事的特点。民间故事是广大人民群众以自发形式世世代代口耳相传的一种文学样式，是具有独特魅力的文学形式，它们通常有一些共同的特点。拓展阅读《阿凡提的故事之考学者》，从你接触到的民间故事，去挖掘民间故事的特点吧！

阅读链接：

阿凡提的故事之考学者

在王宫里，几位哲学家、逻辑学家和法律学家正在讨论一个问题。他们各有各的见解，可谁也说服不了谁。

无休无止的争论让阿凡提听得一头雾水。他站出来说道："你们都是一群糊涂虫！"

阿凡提的话自然冒犯了这些学者，学者们要求国王惩治他。国王唤来打手，命令鞭打阿凡提五十下。

"且慢，贤明的国王陛下，"阿凡提不慌不忙地站出来说，"我提出一个问题让这些学者回答，如果他们回答得正确，我心甘情愿挨罚。"

"好吧，请提出你的问题！"国王说。

"先拿纸和笔来！"阿凡提说。

纸和笔拿上来了，阿凡提把纸和笔分给了这些学者，然后说道："馕是什么东西？请你们在纸上分别写出这个问题的答案。"

学者们写好答案后交到国王手里，国王开始宣读答案：

第一份答案说："馕是一种食品。"第二份答案说："馕是面粉和水的混合物。"第三份答案说："馕是烘烤熟了的生面。"

第四份答案说："馕是可以变的，可以根据自己的需要把它做成圆的、方的、大的、小的……"第五份答案说："馕是有营养的物质。"

第六份答案说："馕是没有人能真正知道它到底是什么的东西。"

第七份答案说："馕是真主的恩赐。"

国王宣读完答案，问阿凡提："你看他们回答得怎么样？""回答得不怎么样。本来很简单的问题，他们回答得一个比一个复杂，而且都没答到点子上。"阿凡提说。

"那么，你来回答一下这个问题！"国王说。

"非常简单，馕是吃的东西！"

国王觉得有理，取消了对阿凡提的处罚。

——选自李建树、孙侃等《中国民间故事》，有删改

任务二：民间故事创意发布会

同学们，列夫·托尔斯泰曾说过：“预习是学习的基石，是学习的前提条件。”围绕预学单开展自主学习吧！

学习活动一：民间故事传承人招募令

1. 填一填。阅读牛郎织女的故事，回答以下问题。

老牛帮助牛郎娶到美丽的织女是因为________________。

织女下凡来到人间是因为________________。

牛郎和织女最后被__________用__________的方式拆散了。

牛郎和织女以后________（能/不能）见面。

如果牛郎和织女能见面，是通过________________见面的。

2. 讲一讲。通过梳理思维导图，讲一讲《牛郎织女（一）》《牛郎织女（二）》两篇课文的主要内容。

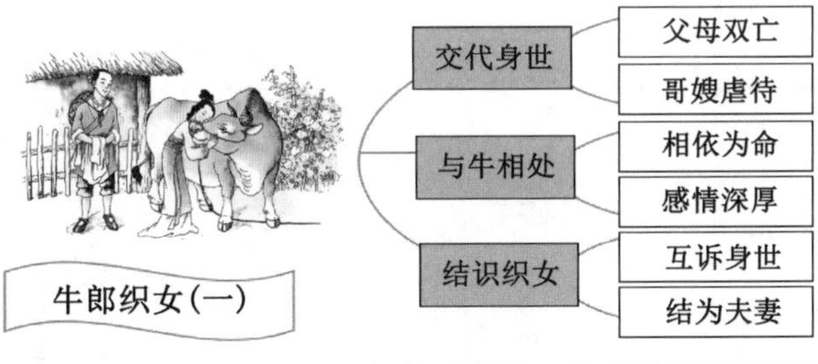

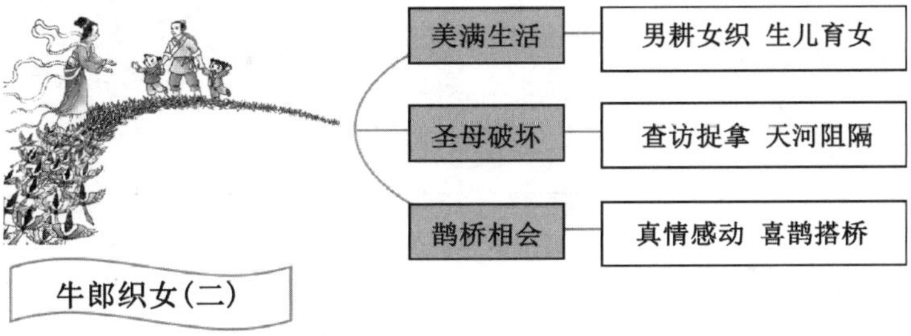

（图源：温儒敏《语文·五年级上册》，人民教育出版社，2019 年版）

评价标准	达成度	自评
能按一定顺序把故事讲清楚	☆☆☆☆☆	
能把故事内容说完整	☆☆☆☆☆	
能把故事主要内容说具体，主次分明	☆☆☆☆☆	

学习活动二：民间故事连环画策划

1. 理一理。读完《阿凡提的故事之考学者》，你觉得阿凡提是个怎样的人呢？请你想象他的样子并做简单介绍。

姓名：________

性格：____________________

做过的事：____

____

____

2. 画一画。思维导图可以清楚梳理故事脉络，帮助我们复述故事。请试着借助上表中的人物介绍，梳理《阿凡提的故事之考学者》的故事脉络，绘制思维导图。

同学们，爱因斯坦曾说过：“学习知识要善于思考，思考，再思考。”打开研学单，开始学习吧！

学习活动一：民间故事传承人招募令

1. 说一说。如果要复述第③自然段，可以从哪些方面来叙述呢？第④自然段中“牛郎常常把看见的、听见的事告诉牛，有时候跟它商量一些事”。牛郎会和老牛分享什么，你能用牛郎的口吻说一说吗？

我________________________，对老牛说：“____________________________________。”

（图源：墨浪绘《牛郎织女》，人民美术出版社，2001 年版）

2. 演一演。寻觅一位好伙伴，借助插图及文字，与他（她）还原牛郎告诉织女自己的身世或仙女们商量下凡的情节。

仙女 1：我们每天在天上织布，一点自由都没有，听说人间……我也想去看看啊。

仙女 2：是啊，天上的生活太乏味了，可是王母娘娘不允许我们随意到人间……

仙女 3：……

（图源：墨浪绘《牛郎织女》，人民美术出版社，2001 年版）

策略梳理：

把自己想象成故事中的人物，以他（她）的口吻讲；

大胆想象，补充合理情节；

用合适的语气、语调，还可以加上动作。

学习活动二：民间故事连环画策划

1. 搜一搜，读一读。牛郎织女的故事与一个传统节日有关——七夕。关于七夕的古诗词有很多，其中不少是从牛郎织女的故事中引发的，我们可以通过这些古诗词来了解古人眼中的七夕。搜集一首自己喜欢的诗歌，并积累在下面。

诗题《____________》 诗人：____________

____

____

（图源：温儒敏《语文·五年级上册》，人民教育出版社，2019年版）

2. 画一画，写一写。品读《牛郎织女（二）》，仿照事例补充情节，完成连环画创作。

男耕女织
生活幸福

____

____

____

____

（图源：墨浪绘《牛郎织女》，人民美术出版社，2001年版）

3. 想一想，配一配。思考“男耕女织，幸福生活”这个情节，画中可以出现哪些景物呢？欣赏《牛郎织女（二）》第①自然段后的丰富画面，并配上文字说一说。

评价标准	达成度	自评
突出故事的主要情节	☆☆☆☆☆	
契合故事的主题思想	☆☆☆☆☆	
语言简洁、准确，通俗易懂	☆☆☆☆☆	

学习活动三：民间故事创意宣传海报

1. 民间故事创意问答。

（1）根据提示猜民间故事。

① 同窗　求学　祝家庄　化蝶　《＿＿＿＿＿＿＿＿》

② 许仙　断桥　雷峰塔　法海　《＿＿＿＿＿＿＿＿》

（2）通过对话推测他们读的是《＿＿＿＿＿＿＿＿》。

他尝药时中了七十二种毒，我真怕他再也站不起来了！

万幸的是，他放不下人间病痛累累受苦的人，又站起来继续踏遍崇山峻岭。

2. 民间故事读书卡。

民间故事读书卡　　　　阅读时间：	
故事名：	主角：
主要情节：	
阅读感受：	

3. 设计民间故事创意海报。给你阅读的民间故事制作一张推荐海报，可以参考研学单上的“民间故事创意问答”，或是绘制故事连环画，也可以加上自己的“民间故事读书卡”，发挥你的才能，动手设计吧！

评价标准	达成度	自评
选择的民间故事主题健康	☆☆☆☆☆	
海报内容丰富，包含重要情节、主要人物形象等	☆☆☆☆☆	
字迹端正，色彩丰富，构思巧妙，图文结合	☆☆☆☆☆	

同学们，陆游曾写道："纸上得来终觉浅，绝知此事要躬行。"翻到拓学单，检测一下你们的学习成果吧！

学习活动一：民间故事传承人招募令

分享演绎，拓展提升。通过研学单的学习我们已经绘制好了连环画，如何将你的连环画推荐给同学，需要你这位民间故事传承人来分享。

请你参照下表评价标准，将连环画上的内容，分享给同学或家人。

评价标准	达成度	自评
发挥想象力，通过添加对话、描述细节等方式将故事中的重要情节复述更加具体	☆☆☆☆☆	
用合适的语气、语调展现民间故事的神奇，配上相应的动作和表情，让听众入情入境	☆☆☆☆☆	
在分享过程中，能就《牛郎织女》中有趣的、不可思议的情节与听众进行互动交流	☆☆☆☆☆	
在讲述过程中，展现劳动人民对美好生活的向往，让听众感受到民间故事的文化魅力	☆☆☆☆☆	

学习活动二：民间故事连环画策划

1. 小组合作，成立研究会。探究哪些故事被改编成了动画片、电视剧、电影；了解原著和改编作品的异同，说说对改编作品的看法。

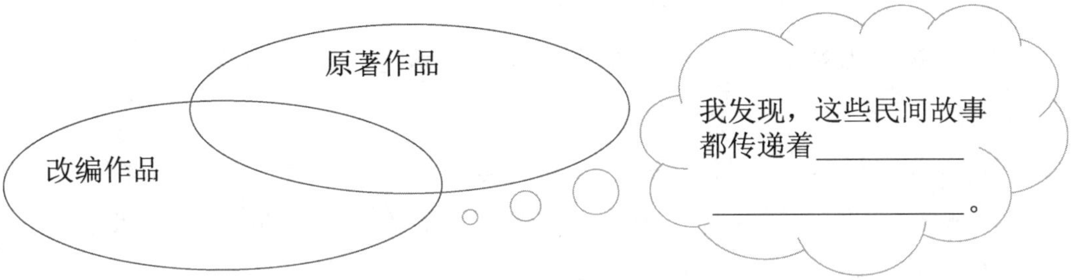

2. 创意复述，传承故事。探究不同地域民间故事所蕴含的文化元素，收集插图、绘制思维导图，运用所学，创造性地复述故事。

评价标准	达成度	自评
故事情节完整，能展现故事主题	☆☆☆☆☆	
在原文基础上，增加了生动又合理的内容	☆☆☆☆☆	
讲述时声音洪亮，语言生动，吸引人	☆☆☆☆☆	
配上相应的动作、表情等	☆☆☆☆☆	

学习活动三：民间故事创意宣传海报

民间故事海报分享会。民间故事有着不同的题材。有的是玄幻、神奇的幻想故事，有的是生活故事，还有一类是民间笑话，这类故事幽默、滑稽，借诙谐风趣的文字宣扬正义，惩恶扬善，如《徐文长的故事之巧对知府》。选择你最喜欢的一类故事，制作更多的民间故事创意宣传海报，让更多同学了解不同类别的民间故事。

阅读链接：

徐文长的故事之巧对知府

徐文长十四岁时来到杭州。当时的杭州知府目中无人，得知徐文长在杭州赋诗作画，颇受人们赞赏时，大为恼火。他认为一个小毛孩子竟敢在他面前舞文弄墨，真是不知天高地厚，便派衙役将徐文长招来对句，并威胁他说如对不上，就将他驱逐出城。徐文长镇定自若，满口答应。

知府带徐文长到西湖边，指着六和塔，说出上联：

六塔重重，四面七棱八角。

徐文长没有开口，只是扬了扬手。

知府以为他对不上，暗自高兴。知府得意忘形地指着保俶塔，又出了个上联：

保俶塔，塔顶尖，尖如笔，笔写四海。

徐文长还是一言不发，而是用手指了指锦带桥，向知府拱拱手，然后，又两手平摊，往上一举。

知府见徐文长还是没有回答，就神气十足地说："连一句也对不出，还算什么神童！"立即下令："快把他赶出城去！"

这时，徐文长却理直气壮地哈哈大笑："休得无礼，下联早就对好了！"

知府怒气冲冲地说："你敢无理狡辩，愚弄本府？"

徐文长解释说："你是口出，我是手对。"

"手对！是什么意思？"知府追问道。

徐文长答道："对第一联我扬了扬手，就是说：'一掌平平，五指三长两短。'对第二联我拱拱手，两手平摊，往上一举，就是说：'锦带桥，桥洞圆，圆似镜，镜照九州。'"

知府听了哑口无言，只好悻悻而去。

——选自李建树、孙侃等《中国民间故事》，有删改

任务三：策划民间故事游园会

同学们，列夫·托尔斯泰曾说过："预习是学习的基石，是学习的前提条件。"围绕预学单开展自主学习吧！

学习活动一：规划游园会展区

为游园会各分园命名。根据提示，给民间故事游园会各分园拟定名字吧！

分园名	名字来源	出处
乞巧园	家家乞巧望秋月，________________	林杰《__________》
________园	孟姜一哭长城崩，谁谓土石终无情	胡奎《神石》
________园	猎人海力布为了救乡亲们，____________	
________园		

学习活动二：绘制游园会导览图

给民间故事分分类。根据你收集、阅读的民间故事，尝试梳理合并分园名称。你也可以借助网络，浏览"中国民间故事网"，瞧一瞧网站上的分类。

我的民间故事分类____

____

同学们，爱因斯坦曾说过："学习知识要善于思考，思考，再思考。"打开研学单，开始学习吧！

学习活动一：规划游园会展区

1. 拟写展品介绍卡。展品介绍卡是游客了解故事的重要途径，我们要用简洁明了的语言，生动地介绍故事的主要情节和文化内涵。仿照下面的例子，试着做几张吧！

《牛郎织女》是中国四大民间故事之一，这个故事讲述了牛郎和织女这对恋人跨越天地的阻隔，最终团聚的美好故事，展现了劳动人民对美好生活的向往和追求。

（图源：温儒敏《语文·五年级上册》，人民教育出版社，2019 年版）

2. 设计游园会文创。当下社会对文创产品的需求不断增长，人们对独特、创新的设计和手工艺品越来越感兴趣。阅读以下材料，尝试设计与民间故事相关的文创产品，并写出你设计的产品名称和设计思路。

【材料一】今年夏天，网络上掀起了“一把胖剑走天下”的热潮。不少网友在旅行中带着“吴王夫差毛绒剑”在各大博物馆和旅游景点拍照，并在社交平台上分享。这款毛绒剑甚至登上了微博热搜，引发了热烈讨论。

【材料二】苏州博物馆一直致力于将历史文化与现代元素相结合，为观众提供更好的文化体验。这次“吴王夫差毛绒剑”的流行，不仅展现了苏州博物馆在文创产品设计方面的独特创意，也进一步推广了苏州博物馆的文化品牌。

【材料三】苏州博物馆携手知名中式珠宝设计师马荆棘，共同设计了一系列精美的紫藤首饰。这些首饰采用了纯手工珐琅工艺，以素雅的色彩点缀，将紫藤花的摇曳姿态和灵动雅致的造型展现得淋漓尽致。

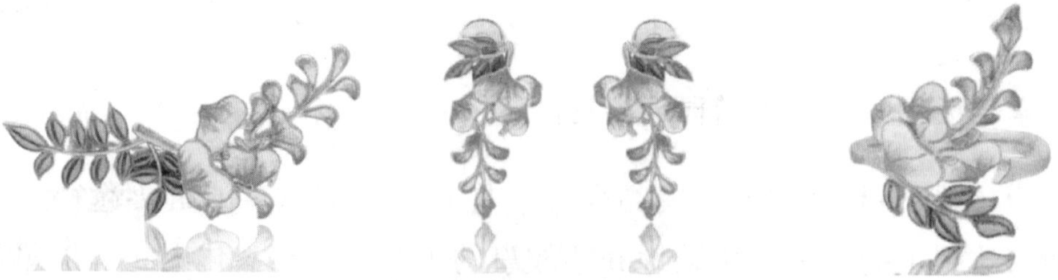

（图源：苏州博物馆旗舰店）

经过十余年的探索，有关文藤主题的文创品爆款频出，这源于苏州博物馆始终坚持以“创意、设计、情怀”作为产品研发的基本理念。这些文创产品的诞生，让这株原本只是苏州古树名木的紫藤，在2021年作为苏州博物馆选送的三件文物之一，登上了《国家宝藏》节目。

——选自《新华日报》2002年8月19日第17版《让文物“活”起来　苏州博物馆用一粒种子掀起文创热潮》，有删改

我设计的产品名称：____________、____________。

我的设计思路：__________、__________、__________。

学习活动二：绘制游园会导览图

1. 规划游览路线。根据游客的游览路线，将展区按照逻辑顺序进行排列，这样可以提高游客的游览体验，使他们在游园过程中更加顺畅和愉快。试着参考下图进行设计吧！

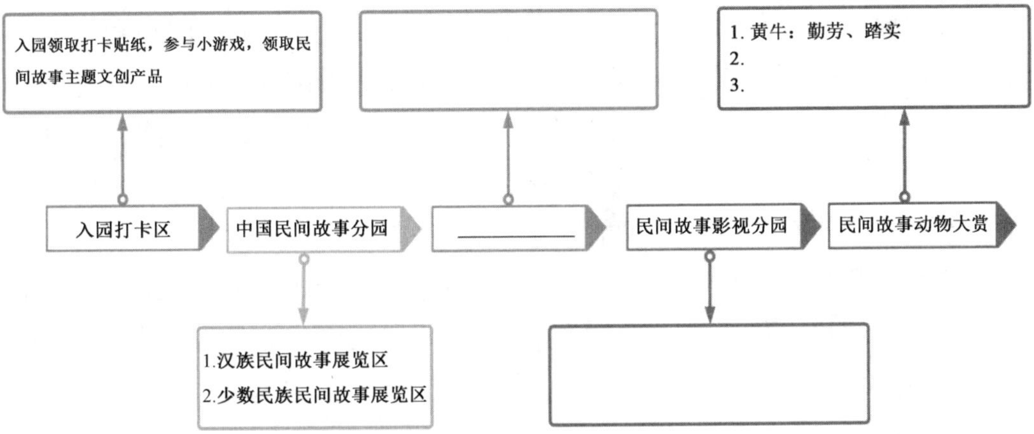

2. 写一份宣传文案。在当今社会，社交媒体是一种非常有效的宣传手段。我们可以在微信、微博等平台上发布关于游园会的信息，邀请更多的人前来参加。

主办方：【奇幻故事之旅，探索传统的魅力】在民间故事的海洋中畅游，让心灵得到滋养，让想象翱翔。本次民间故事游园会，不仅是一次文化的盛会，更是一次心灵的洗礼。我们在这里，等待每一个怀揣梦想和好奇心的您，让我们一起探索传统的魅力。

假如你也参与了这一次民间故事游园会的设计，你会在朋友圈发布一

条怎样的信息呢？

同学们，陆游曾写道：“纸上得来终觉浅，绝知此事要躬行。”翻到拓学单，打开你们想象的翅膀，创编你们的民间故事吧！

民间故事是人们口耳相传的经典，故事情节蕴含着丰富的想象，充满浪漫色彩，表达了劳动人民对幸福、美好生活的期盼和追求。在《猎人海力布》中，勇敢、善良的海力布变成了石头，同学们倍感惋惜，强烈要求“复活”他。我们假设故事的结尾出现了一位新角色，那么原故事中会有怎样的新情节呢？又可能会有怎样的结局呢？

借助“故事变变变”思维导图与原故事情节的山形图，尝试运用自己的语言，创编《猎人海力布》新情节。做到故事内容完整、情节连贯、语句通顺。

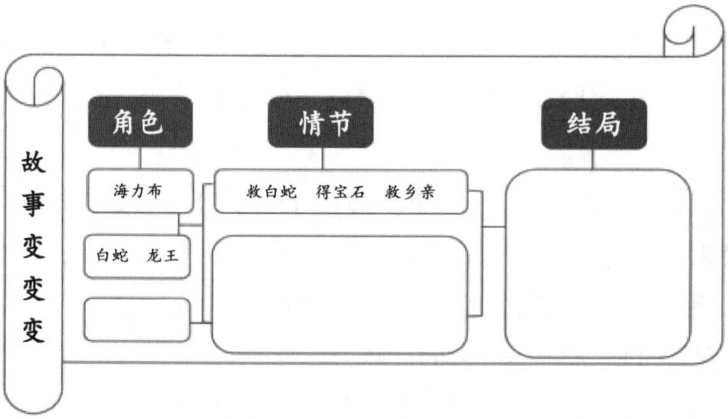

素养测评

同学们，学习本单元后，我们知道民间故事是口耳相传的经典，是老百姓智慧的结晶。接下来，让我们开展一场以“赏读民间故事，乐享游园之乐”为主题的研学活动吧！

活动一：了解民间故事知识

1. 根据语境，看拼音写词语，填入括号内。

同学们，在美妙神奇的民间故事游园会中，我们认识了 shàn liáng（　　　）的 liè rén（　　　）海力布，与牛郎 xiāng yī wéi mìng（　　　　　）的老牛，还有 qín láo jié jiǎn（　　　　　）的牛郎与 xīn líng shǒu qiǎo（　　　　　）的织女这对 fū qī（　　　）……

2. 从下面选择合适的词语，将序号填在文段的空格上。

A. 动作、表情　　　B. 角色　　　C. 合理的情节

中国民间故事源远流长，从先秦到清末，经过一代又一代口耳相传，流传至今。如果我们要将读到的民间故事讲给家人听，可以创造性复述故事。在讲故事的时候，可以变换________，让故事更加多样化；也可以给故事中简略的内容，增加________，讲故事讲述得更详细；还可以在讲故事的时候加上________，增加故事的魅力。

3. 关于民间故事的古诗文有很多，下面不是关于七夕的诗句是（　　）。

A. 天阶夜色凉如水，卧看牵牛织女星。

B. 柔情似水，佳期如梦，忍顾鹊桥归路。

C. 西湖畔前诉卿意，舍道绝修入红尘。

D. 家家乞巧望秋月，穿尽红丝几万条。

4. 下列词语不是出自民间故事的是（　　）。

A. 八仙过海　　　　B. 后羿射日

C. 义结金兰　　　　D. 卧薪尝胆

5. “他说明缘由，并发誓救母，恳求拜霹雳大仙为师。”这一故事情节最有可能出自（　　）。

A.《孟姜女哭长城》　　B.《白蛇传》

C.《田螺姑娘》　　D.《沉香救母》

活动二：经典民间故事品读

阅读体会，感受民间故事的魅力。

木兰从军

① 中国古代南北朝时，北方有个年轻漂亮的姑娘叫花木兰，她不但武艺超群，而且箭术无双。

② 一天，她正在放牧，忽见几位少年骑马扬鞭，弯弓搭箭，要去打猎。她一时兴起，便和他们比赛，结果她打的猎物最多。回到家里，母亲责备她不该四处游荡，忘了放牧；父亲责骂她不守闺训，但见她打了不少飞禽走兽，心中暗暗觉得奇怪。

③ 木兰正夸口说自己射箭能百步穿杨、百发百中，乡里的里长就走进院来。木兰抽箭搭弦，冷不防“嗖”的一声，把里长头上的帽子射了下来。里长大吃一惊，木兰的父亲连忙赔罪道歉，并罚木兰织布三天，不许走出房门半步。

④ 原来里长是来送文书的。说是大汗要和邻国开战，急需将士，要征木兰的父亲从军。

⑤ 晚上，木兰的父亲和老伴儿商量：自己年老多病，家里小儿子年纪还小，女儿又不能上战场，这可如何是好？夫妻俩愁得直叹气，隔墙的木兰听见了，也停下织机叹息不已。

⑥ 木兰一夜未合眼，终于想出了一个好主意。第二天一大早，她偷偷溜出家门，上街买了一匹枣红马，又配上马鞍、马鞭和马笼头，还去裁缝店赶做了一件战袍。然后，木兰剪去了长发，扎上头巾，穿上战袍，跨上枣红马，一下子变成了个棒小伙。

⑦ 一切准备妥当，木兰骑着马一阵风似的赶回家，父母几乎认不出她了。她道明真相，父母见木已成舟，只得同意她女扮男装替父从军，一

家人洒泪而别。

⑧ 木兰告别家乡，随大军奔赴边疆。走啊走，大军来到黄河旁。夜里，值勤的木兰听不到爹娘呼唤她回家的声音，只听见黄河的流水哗啦啦地响。

⑨ 走啊走，大军停在黑山下。这里已靠近敌人的阵地，备战的木兰没有时间想念家里的亲人，耳边只听见敌人的战马鸣叫。

⑩ 多少次军情紧急，多少个关山飞渡，天寒地冻的北部边疆，月光冷冷地映着将士铠甲的青辉，连打更的锣声也透着十二分的寒气。

⑪ 身经百战，九死一生，聪明机智、英勇善战的木兰一次次立功，最后做了左路大将军。十二年过去了，战争结束了，大军胜利归来，皇上亲自召见木兰，赏给她许多金银财宝，又封她做大官。

⑫ 木兰替父从军，为的是百姓和国家。她不要金银财宝，也不愿做什么大官，她只要了一头能走远路的骆驼，骑着它回乡服侍双亲。

⑬ 而此时，父母已经白发苍苍。他们听到女儿归来的喜讯，相互搀扶着来到路口迎接。小弟弟也已长大成人，在家里磨刀霍霍，准备杀猪宰羊，犒劳荣归故里的姐姐。

⑭ 木兰终于回来了，骑着骆驼，身边还有几个伴她回家的战友。木兰让爹娘在屋里招待同归的伙伴，自己跑到房里，脱下战袍，换上以前的青布衣衫，梳好如云的头发，又对着镜子贴上美丽的面饰，这才羞答答地走了出来。

⑮ 伙伴们一见大惊失色：啊，共同战斗了这么多年，想不到木兰原来是一个漂亮的大姑娘！

——选自人民文学出版社编辑部《中外民间故事精选》

1. 阅读民间故事《木兰从军》，判断正误，对的画“√”，错的画“×”。

（1）木兰是一个聪明机智、英勇善战、孝顺的姑娘。（　　）

（2）木兰夜晚停下织机叹气是因为她喜欢射箭，不喜欢织布。（　　）

2. 用“人物+事件”的方法梳理故事情节。

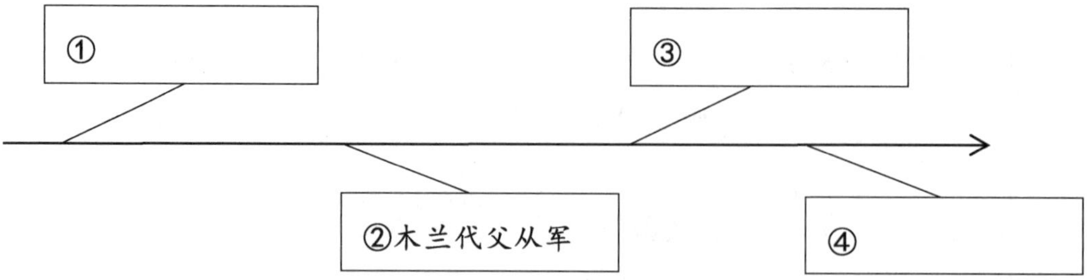

3. 你认为《木兰从军》这个故事千百年来在民间广为流传的原因是什么，联系民间故事的特点，写下你的看法吧！

____

4. 展开合理想象，将画“______”部分的情节写具体、生动，注意描写当时人物的语言、动作、心理。

____

活动三：外国民间故事链接

品读感悟，赏析外国民间故事。

聪明的牧羊人

① 从前，有个小牧羊人很会惹是生非。在放羊的路上，他看见一个卖鸡蛋的农妇头上顶着一篓鸡蛋，就向篓子里扔了一块石头，把鸡蛋全打碎了。那个可怜的农妇气愤极了，对他大喊：“希望你永远也长不大，除非你能找到三只会唱歌的苹果里的那个美女巴尔加利娜！”

② 从那时起，小牧羊人变得又瘦又小，妈妈照顾得越好，他就变得越瘦弱。妈妈问他：“你怎么了？你是不是惹得什么人诅咒你了？”他就告诉了妈妈那天欺负那个农妇的事和那个农妇对他说的话：“希望你永远也长不大，除非你能找到三只会唱歌的苹果里的那个美女巴尔加利娜！”

③ 妈妈对她说：“这样的话，没有别的办法，你只好去寻找那个美女巴尔加利娜了。”

④ 小牧羊人上了路。路上他遇到了在核桃壳里荡秋千的小美人、在鸡蛋壳里沐浴的小美人，还有一位路人。他们分别给了小牧羊人一块石头、一把象牙梳子和一袋子雾，并都说以后会帮他很大的忙。

⑤ 他又经过一座磨坊，磨坊主是一只会说话的狐狸。狐狸告诉他一直往前走，去寻觅有许多小铃铛的水晶鸟笼，鸟笼里有很多会唱歌的苹果。还要小心那里有个老太太，她睁眼的时候是在睡觉，闭眼的时候是醒着的。

⑥ 小牧羊人就去了，他看见老太太双眼闭着，知道她醒着。老太太对他说："好小伙子，看看我的头上是不是有虱子。"小牧羊人边看边给她捉虱子，等老太太睁开了眼睛，他知道她已经睡着了。于是，他迅速地抱起水晶鸟笼就跑。但是鸟笼上的小铃铛响了起来，老太太被惊醒了，马上派骑士们骑着一百匹快马去追他。小牧羊人眼看这一百匹马要追上他了，从兜里拿出那块石头，抛了出去。石头马上变成一座满是岩石和沟壑的大山，那些马都在山上折断了腿。

⑦ 骑士们不得不走着回到了老太太那里，老太太又派出两百匹马，小牧羊人看到自己又差不多被赶上了，就把那把象牙梳子抛了出去，梳子立即变成了一座光滑的大山，那些马都失蹄滑了下去，摔死了。

⑧ 老太太这次又派出三百匹马，但是小牧羊人放出了那袋雾，他身后变成一片昏暗，那些马立即迷失了方向。

⑨ 这时，小牧羊人觉得很渴，他没有东西能喝，就从鸟笼里拿出一个苹果要切开。突然，他听到一个柔细的声音说："慢慢地切吧，要不就会伤着我。"于是，牧羊人慢慢地切开苹果，吃了一半，将另一半放进了口袋里。就这样，他带着苹果走到他家附近的一口井旁，伸手去掏口袋，想把另一半苹果也吃了，可没想到，掏出的是一个娇小玲珑的小美女。

⑩"我就是美女巴尔加利娜，"她说，"我吃米糕，你去给我找一块米糕来，我饿极了。"

⑪ 小牧羊人家门前有一口井，井口被人用井盖封住了。井盖中央有一个小窗口，小牧羊人就把巴尔加利娜放在井盖上，去屋子里找米糕了。

⑫ 这时，一个长相丑陋的女仆来这里打水，她看见了美丽的巴尔加利娜……

——选自曹文轩、陈先云《聪明的牧羊人：欧洲民间故事精选·上五年级上册》，有改动

1. 默读短文，用简洁的语言概括故事的主要内容。

____

2. 主人公小牧羊人是如何实现愿望的？请你将文章内容概括后填在表格中。

	得到 秋千小美人 的石头			

3. 在这个故事中，你认为最不可思议的情节是什么？请用波浪线画出来，并把你在课外阅读到的外国民间故事中你觉得不可思议的情节分享出来。

我在课外阅读了外国民间故事《__________》，我认为其中最不可思议的情节是：____。

4. 那个可怜的农妇气愤极了，对他大喊：“希望你永远也长不大，除非你能找到三只会唱歌的苹果里的那个美女巴尔加利娜！”从那时起，小牧羊人变得又瘦又小，妈妈照顾得越好，他就变得越瘦弱。

阅读片段，请你用牧羊人的口吻复述以上情节。

当牧羊人年老时，常常说起他年少时惹是生非的行为，他说：____。

他告诫年轻人：____。

5. 最后作者没有交代故事的结局，请你展开合理想象，给短文加一个结尾。

第四单元　重走历史沧桑路　对话时代爱国者

同学们，纵横古今，在历史的洪流中有一批又一批的仁人志士深爱祖国，以民族的复兴与富强为己任。中华大地历经沧桑，他们用热血守护民族梦想，“家祭无忘告乃翁”的临终遗言和“少年强则国强”的呐喊，至今回响在我们耳旁。今天，就让我们一起在炙热的文字中，了解中华大地历经的浩劫，读懂为中华崛起而坚守奋斗的故事，畅想二十年后的自己，更加深爱脚下的这片土地。

任务一：察今知古，铺设历史隧道

同学们，列夫·托尔斯泰曾说过：“预习是学习的基石，是学习的前提条件。”围绕预学单开展自主学习吧！

学习活动一：多灾多难的土地

资料搜集单。通过上网、翻阅书籍等方式搜集本单元课文的时代背景、作者生平、文化意象。

中华浩劫史之________________	
课文题目	
对应历史事件背景资料（提取关键信息，用自己的语言表达）	
作者生平或写作背景	

学习活动二：残垣断壁的诉说

倾听遗址诉说。朗读课文《圆明园的毁灭》，想一想为什么“圆明园的毁灭是中国文化史上不可估量的损失”，和小伙伴们合作学习，开展一次综合性学习活动吧！

搜集资料的途径	搜集的资料	我的感受

同学们，爱因斯坦曾说过：“学习知识要善于思考，思考，再思考。”打开研学单，开始学习吧！

学习活动一：多灾多难的土地

理一理重要历史事件。结合预学单中的学习活动一，借助图文、影视资料，向小组内的同学介绍一下本单元重要的历史事件，同时概括梳理，整理并完成本单元的重要历史事件一览表。

课文题目	作者	时间	重要历史事件
《示儿》	陆游	公元1210年	金人攻陷北宋，俘虏徽宗、钦宗两个皇帝，南宋王室对外投降，对内残害爱国人士，贪图享乐

学习活动二：残垣断壁的诉说

1. 厘清脉络知浩劫。带着“为什么圆明园的毁灭是中国文化史上不可估量的损失”这个问题走入文本，结合对圆明园价值高度概括的四句话进行整体感知。以小组为单位进行合作讨论，完成思维导图，知悉文本整体脉络。

（图源：圆明园遗址公园官网）

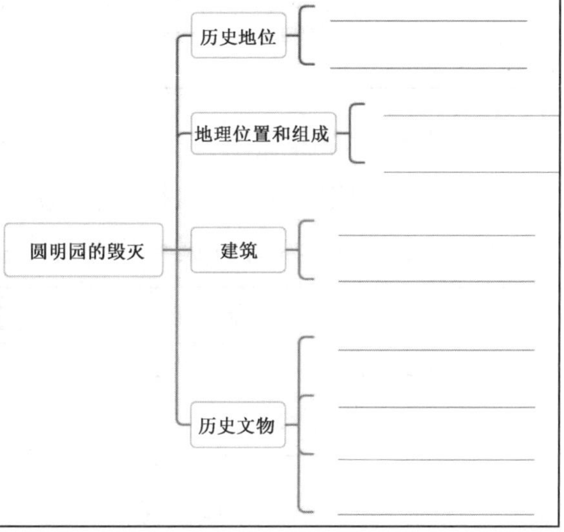

2. 探究学习知方法。根据上一个活动内容，探究作者为什么要用很多笔墨描写圆明园的辉煌，并交流阅读体会。

（1）圆明园是一座怎样的皇家园林？

分类介绍	关键词	阅读体会

（2）英法联军是怎样毁灭圆明园的？

关键词	内心感受

（3）读《和平宣言（节选）》，找一找哪里是对下文的铺垫，感受铺垫的作用。

为下文铺垫的内容	在全文中的作用

3. 化身小导游练说。

（1）结合课文和查找的资料，从圆明园的布局、建筑、文物中选择一个你最感兴趣的部分开展合作学习，完成学习单内容。

圆明园的____________			
文中关键评价	文中举例	添加补充材料	我的感受

（2）根据学习单内容，做一回小导游，向同学们介绍一下圆明园里你最感兴趣的地方。

评价标准	达成度
能够讲清楚圆明园某个方面的特点，有具体的例子作为支撑	☆☆☆
能够拓展和融合课外查阅的资料，加入自己的感受与评价	☆☆☆
语言清晰流畅，肢体动作得体，注意作为导游的身份表达	☆☆☆

同学们，陆游曾写道：“纸上得来终觉浅，绝知此事要躬行。”翻到拓学单，检测一下你们的学习成果吧！

学习活动一：多灾多难的土地

分类说一说。将本单元《语文园地》中两组“日积月累”的四字词语进行分类，了解哪些词语是描写太平盛世的，哪些词语是描写多事之秋的，并能够用这类词语和小伙伴们谈谈本单元课文中所涉及的重要事件。

学习活动二：残垣断壁的诉说

1. 播放电影《圆明园》片段。创设情境：如果你是经历这场浩劫的一块砖、一片瓦，你有什么想要说的？

2. 选择“词句段运用”对话。利用《语文园地》中“词句段运用”的词语进行交流分享。

任务二：停靠驿站，倾听先辈诉说

同学们，列夫·托尔斯泰曾说过：“预习是学习的基石，是学习的前提条件。”围绕预学单开展自主学习吧！

学习活动一：仁人志士的赤子之心

1. 诵一诵。诵读古诗《示儿》和《题临安邸》。

2. 说一说。诵读故事，结合资料，走近忧国忧民的诗人们，体会诗歌表达的感情。

题目	朝代	诗人	诗眼	诗歌大意	表达情感
《示儿》	宋	陆游	悲		
《题临安邸》	宋	林升	醉		

3. 想一想。默读课文《小岛》，边读边圈出将军登上小岛后的所见所闻。假设此时此刻你是将军，最令你内心触动的场景是哪一个？并说说原因。

场景	原因

学习活动二：中华儿女的奋起之路

1. 诵一诵。诵读古诗《己亥杂诗》。
2. 说一说。结合资料，聆听诗人的心声，完成下列学习单。

《己亥杂诗》学习单

历史背景：
社会问题：
建议举措：
设想不同身份的人的看法 ① 一位渴望报国的学子： ② 一名从政多年的官员：

同学们，爱因斯坦曾说过：“学习知识要善于思考，思考，再思考。”打开研学单，开始学习吧！

学习活动一：仁人志士的赤子之心

1. 拓展阅读比一比。拓展阅读李清照的《夏日绝句》、文天祥的《过零丁洋》，与陆游的《示儿》相对比，体会诗人们在表达情感上的相似与不同。

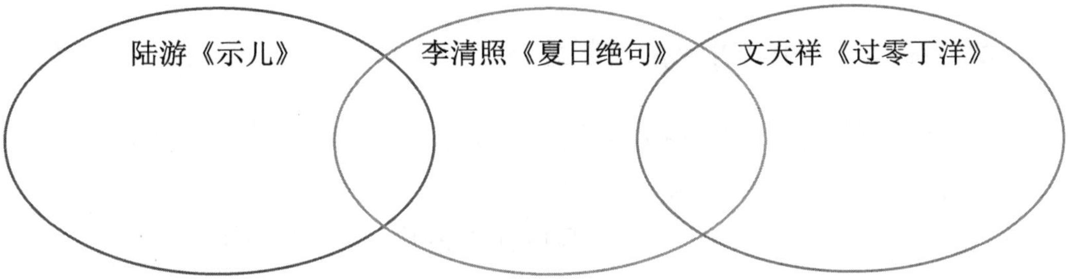

阅读链接：

过零丁洋

［宋］文天祥

辛苦遭逢起一经，干戈寥落四周星。
山河破碎风飘絮，身世浮沉雨打萍。
惶恐滩头说惶恐，零丁洋里叹零丁。
人生自古谁无死？留取丹心照汗青。

夏日绝句

［宋］李清照

生当作人杰，死亦为鬼雄。
至今思项羽，不肯过江东。

2. 理一理故事结构。梳理课文《小岛》的故事结构，体会作者的爱国情怀。

将军	见闻	反应	情感
登上小岛	看到一片绿油油的菜地		
留下用餐	看到一盘白菜		生气
		心中沉吟	感动
		喉咙哽咽	
	看到战士眼角的晶亮		
离开小岛	看到红日在那片绿色上升起		崇敬

学习活动二：中华儿女的奋起之路

读读陆游的《示儿》和下文阅读链接中冰心的《祖国母亲的心》。

1. 读古诗和散文，了解其大意。

2. 说说同样都是爱国人士，两位作者的内心有何不同。

阅读链接：

祖国母亲的心

冰　心

我十岁的生日，我的一个堂姐姐送给我两本小说。一本是什么《女学生》，因为没有印象，书名和故事都记不清了。另一本是《凄风苦雨录》，说的是三个中国劳动人民，被人贩子骗卖到南洋当猪仔的故事。从被骗上船，关闭在室闷的货舱里，直到到了海外矿山工地，受尽白种工头百般的折磨凌虐，三个人里面死了两个，剩下的那一个人，经过千灾百难，好容易熬出来，自己赎了身，娶了妻子。书里描写在他结婚的那一天，许多华工来祝贺，他自己却“哭得天昏地暗，红彩无光”。这两句话我记得清清楚楚，因为这本书我看了好几遍，每看到这里，必定大哭一场。

从这时起，在我幼小的心灵里，懂得“恨”字是什么滋味！我痛恨清政府的腐败和无能，害得成千上万的中国勤劳勇敢的人民，痛苦流离，漂泊海外，有家难奔，有国难投……

从二十几岁起，我开始接触到海外的侨胞，在美国、英国、法国、意大利、日本、印度、缅甸……开饭馆的，开洗衣店的，卖领带的……他们的淳朴诚挚的脸，热情坚定的眼光，让我动容不已。一听到乡音，就会使他们突然惊喜，他们会拉住你，絮絮不休地问着故乡的消息。当你吞吞吐吐地说不出什么使他高兴的话的时候，他们就低下头，转过脸，却又勉强笑着招呼你多吃点菜，说："到了同胞的饭馆里，还客气什么，这一顿饭不要付钱了！"

几百年来，这些勤劳勇敢的人，只凭着自己的一双热爱劳动的手，在困苦艰难的环境中，开出一条谋生的道路。他们同当地的人民，在共同劳动、共同争取民族独立的斗争中，流过血汗，建立了亲密的友谊。他们珍重地保留着祖国的传统文化，也在所在国的人民中间介绍了祖国的文化。破碎支离的祖国，虽然没有他们安身立命的地方，而他们却孤忠耿耿，即使海枯石烂，他们也要把自己的遗骨，送回他们生前不能立足的家乡去！

有这样的热爱祖国的人民的国家，是不会永远沉沦的。中国人民站起来了，九百多万平方公里的河山被开发了，和煦的东风吹拂着，遍地迸散着新土的芬芳，崭新的社会主义建设，正在飞跃发展，我们多么需要更多的劳动双手呵！

我最喜欢苏联的那首歌——《祖国进行曲》里面的：

我们祖国多么辽阔广大，
它有无数田野和森林。
我们没有见过别的国家，
可以这样自由呼吸。

海外侨胞们！中国人被凌辱压迫的黑暗时代，已经一去不复返了。帝国殖民主义者煽动起来的某些亚洲国家的反华排华活动，是困不了中国侨民的。愿意回归祖国的同胞们，重整过的繁盛家园在等待你，朝气勃勃的手足骨肉在欢迎你。我们欢迎勤劳勇敢、光明磊落的同胞，回到我们祖国辽阔广大的土地上，抬起头，挺起胸，来一个深深的"自由呼吸"，然后运用起坚强的双手，在跃进的亲人行列中，为建设我们自己的社会主义大厦，使出欢腾洋溢的力量。

——选自冰心《寄小读者》，有删改

同学们，陆游曾写道：“纸上得来终觉浅，绝知此事要躬行。”翻到拓学单，检测一下你们的学习成果吧！

学习活动一：仁人志士的赤子之心

请以将军的身份，向同伴讲述你登岛后的故事。

评价标准	达成度
能梳理将军登岛后的事情，把故事讲完整	☆☆☆
能关注将军内心的变化，揣度他内心的想法，把故事讲清楚	☆☆☆
能结合将军的动作、神态，加上肢体语言，把故事讲述生动	☆☆☆

学习活动二：中华儿女的奋起之路

我为杰出人物写颁奖词。百年来，正是因为一批又一批的仁人志士有着坚定不移的强国梦，他们执着奋斗，用自己的努力推动了国家的发展。读一读你搜集到的人物资料，为杰出人物写颁奖词，与同伴交流。

中国杰出人物颁奖词	
姓名：	年龄：
研究领域：	最高荣誉：
重要事迹：	
颁奖词：	

任务三：征途向前，抒发我辈理想

同学们，列夫·托尔斯泰曾说过：“预习是学习的基石，是学习的前提条件。”围绕预学单开展自主学习吧！

学习活动一：壮哉，我中国少年

我能读懂《少年中国说》。读读课文，完成《少年中国说（节选）》预学单。

《少年中国说（节选）》预学单

1. 我会写。

一泻汪洋：xiè（ 倾泻 ）潜龙腾渊：______（　　　　）

鹰隼试翼：______（　　　　）奇花初胎：______（　　　　）

矞矞皇皇：______（　　　　）地履其黄：______（　　　　）

与国无疆：______（　　　　）

2. 我会读。

少年：______　　　　多少：______

似乎：______　　　　似的：______

鳞爪飞扬：______　　爪子：______

3. 我会查。

词语	释义
一泻汪洋	
潜龙腾渊	
奇花初胎	
纵有千古	
横有八荒	

学习活动二：二十年后的家乡

1. 探历史变迁。

“最甜家乡水，最美是乡音。”家乡承载着几代人的记忆，记录着城市的古老与变革，见证着时代的变迁与发展……我们举办“我爱我的家乡”主题活动，让我们一起去了解城市变迁，追寻家乡记忆，展望未来蓝图。

“博物馆探访之城市变迁”任务单

一、画画城市发展“时间轴”

→

二、找找城市变迁“代言团”

代表性文物：________

基本信息：________

它背后的故事：________

三、说说你了解的城市发展历程

____

____

2. 寻家乡印记。

城市的发展悄悄印刻在人们生活的点滴之间，每一代人的生活记忆也见证并串联着家乡的变迁。请你从吃、穿、住、行中选择一方面，分别采访爷爷奶奶、外公外婆、爸爸妈妈，调查六七十年代、八九十年代的生活是怎样的。每人做一个采访记录，把重要的信息记录下来。到学校里和同伴交流，把他们的时代生活总结出 2~3 个特点，再在全班进行汇报。

同学们，爱因斯坦曾说过：“学习知识要善于思考，思考，再思考。”打开研学单，开始学习吧！

学习活动一：壮哉，我中国少年

1. 憧憬“少年中国”。

默读《少年中国说（节选）》第①自然段，将下面的语势图补充完整，从中你可以看出“中国少年”和“少年中国”有怎样的关系？

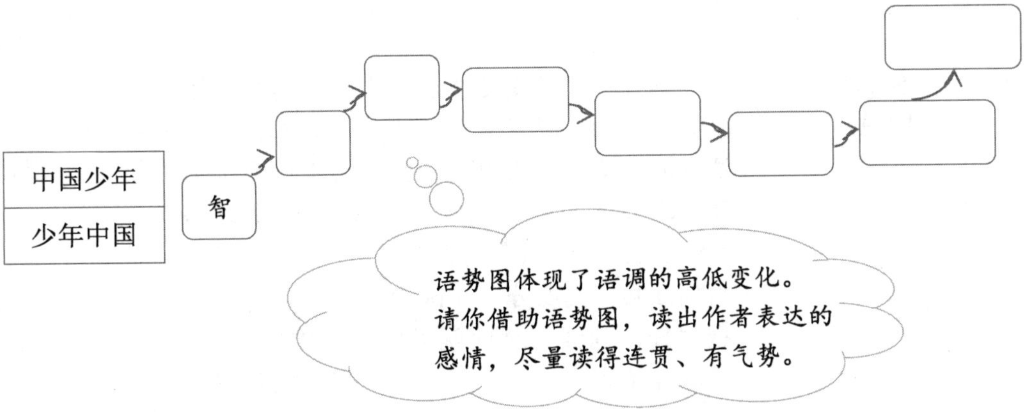

2. 赞美“中国少年”。

自读第②自然段，找出赞美中国少年的词语，并完成下图。

[　　] → 黄河 → [　　] → [　　] → 鹰隼 → [　　] → [　　]

3. 识记《少年中国说》。

快速默读全文，互相说一说句意，有困难的地方圈画出来。想一想梁启超每一段都讲了什么，填写下表。

段落	段意
第①自然段	
第②自然段	
第③自然段	

4. 代言《少年中国说》。

这篇文章在当时引起了极大的轰动，如果你就是作者梁启超，你会如何接受记者的提问呢？请快速默读采访材料单，写出回答关键词，准备接受采访。

采访问题	补充资料	回答关键词
1. 您为什么写这篇《少年中国说》？	资料一： 梁启超，戊戌变法代表人物之一，力图通过变法实现国家的强大。他是鸦片战争后，我国向西方寻求救国真理的知识分子代表人物之一。 资料二： 本文写于戊戌变法后。当时国内爆发了义和团运动。帝国主义组成八国联军，勾结清政府，镇压义和团运动，并借机攻陷了天津和北京等地。当时八国联军污蔑中国是“老大帝国”“东亚病夫”，不能自立，只能由列强共管或瓜分。在国内，一些卖国者叫嚷“任何列强三日内就可以灭亡中国”。为了驳斥帝国主义分子的无耻之言，纠正国内	

续表

采访问题	补充资料	回答关键词
2. 您说“故今日之责任全在我少年”，为什么强调在“少年”?	一些人自暴自弃的奴性心理，唤起人民的爱国之情，梁启超写下了此文。 资料三： 老年人常思既往，少年人常思将来。惟思既往也，故生留恋心；惟思将来也，故生希望心。惟留恋也，故保守；惟希望也，故进取。 老年人常多忧虑，少年人常好行乐。惟多忧也，故灰心；惟行乐也，故盛气。惟灰心也，故怯懦；惟盛气也，故豪壮。惟怯懦也，故苟且；惟豪壮也，故冒险。 老年人常厌事，少年人常喜事。惟厌事也，故常觉一切事无可为者；惟好事也，故常觉一切事无不可为者。 ——选自梁启超《少年中国说》	
3. 面对帝国主义犯下的累累罪行，您觉得中国少年应该怎样做?	资料四： 巍巍金陵，滔滔大江，钟山花雨，千秋芬芳。 一九三七，祸从天降，一二一三，古城沦丧。 侵华倭寇，掳掠烧杀，尸横遍野，血染长江。 三十余万，生灵涂炭，炼狱六周，哀哉国殇。 举世震惊，九州同悼，雪松纪年，寒梅怒放。 亘古浩劫，文明罹难，百年悲叹，警钟鸣响。 积贫积弱，山河蒙羞，内忧外患，国破家亡。 民族觉醒，独立解放，改革振兴，国运日昌。 前事不忘，后事之师，殷忧启圣，多难兴邦。 七十七载，青史昭彰，生生不息，山高水长。 二零一四，国家公祭，中外人士，齐聚广场。 白花致哀，庄严肃穆，丹忱抒写，和平诗章。 大道之行，天下为公，大德曰生，和气致祥。 和平发展，时代主题，民族复兴，世代梦想。 龙盘虎踞，彝训鼎铭，继往开来，永志不忘。 ——选自冯亦同《和平宣言》	

学习活动二：二十年后的家乡

二十年后你的家乡会发生哪些变化呢？同学们可以根据人、事、景、物等不同的角度，展开想象，绘制一张思维导图。

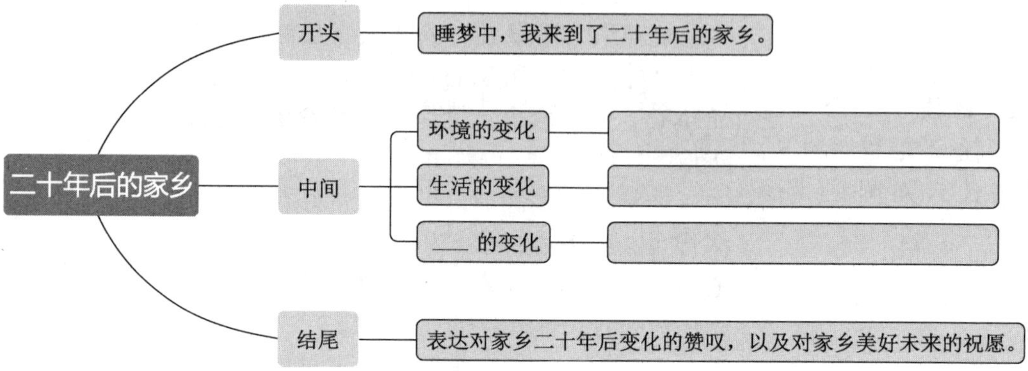

同学们，陆游曾写道：“纸上得来终觉浅，绝知此事要躬行。”翻到拓学单，检测一下你们的学习成果吧！

学习活动一：壮哉，我中国少年

我能朗诵《少年中国说》

同学们，朗读课文有窍门，让我们根据要求来读。第一是做到正确流利，字字清晰，句子连贯；第二是能结合文中注释理解句子；第三注意段落间与句群之间的逻辑，体会作者表达的情感；第四是抓住表达特点，读出文章的气势。下面我们就来试一试。

1. 听一听，我能正确、流利地读。
2. 试一试，我能边读边解释内容。
3. 诵一诵，我的朗诵有感情。
4. 演一演，我们的朗诵有气势。

阶段	目标	学习形式	自评	互评
第一阶段	将生字读正确，将句子读通顺	(1) 互相检查预学单第一到第三项，订正错误 (2) 同桌之间互相朗读课文，相互纠错正音，读好停顿		
第二阶段	借助注释和插图，理解句子意思，厘清文章脉络，交流记忆诀窍	(1) 同桌交流句子意思，在有疑问的地方做好记号 (2) 全班交流，解决自学时无法解决的问题 (3) 从句式规律、意象特点、逻辑顺序三方面寻找记忆规律，交流讨论 (4) 根据对内容的理解朗读和背诵课文		
第三阶段	结合资料，深入了解写作背景，体会文章的思想感情，有感情地朗读	(1) 试着扮演梁启超，结合参考资料单，回答采访问题 (2) 根据体会到的情感，确定朗读的基调，调整语速、语调和节奏，做到有感情地朗读课文		
第四阶段	经过设计和排练等艺术加工，进行朗诵展演	(1) 小组分工，设计好队形，领诵和齐诵相结合 (2) 脱稿诵读，精神昂扬，气势磅礴 (3) 根据内容配上合适的动作 (4) 通过朗诵表现文字所蕴含的情感 (5) 拍摄后可以进行艺术加工		

请你对小组合作拍摄的朗诵视频进行评价。

评价项	评价标准	达成度
基础项	有队形设计，整齐美观	☆☆☆☆☆
	能脱稿朗诵，有动作设计，精神昂扬	☆☆☆☆☆
	领诵和齐诵相结合，分配合理，协同统一	☆☆☆☆☆
	情感充沛，气势磅礴	☆☆☆☆☆

续表

评价项	评价标准	达成度
加分项	视频录制效果好，有片头和片尾，镜头角度不单一，有特写	☆☆☆☆☆

学习活动二：畅想二十年后的家乡巨变

每个人都有自己的家乡，那是我们成长的地方。二十年后我们的家乡会是什么样的呢？让我们来一次时空穿越，到二十年后的家乡去看一看，自己动手写一写吧！

100字

200字

评价项	评价标准	达成度
基础项	文章扣住“二十年后”和“家乡”两个关键词展开	☆☆☆☆☆
	能从不同角度分段叙述，各段叙述能紧紧围绕一个方面	☆☆☆☆☆
	文章重点部分突出，详略得当	☆☆☆☆☆
	语句通顺，文辞优美，想象丰富合理，感情充沛	☆☆☆☆☆
加分项	能把个人成长与家乡的未来发展相结合，有勇于担当、乐于奉献的主人翁精神	☆☆☆☆☆

同学们，我们在本单元炙热的文字中，了解了中华大地历经的浩劫。最后，让我们来检验一下本次学习的收获吧！

素养测评

为了感受英雄先辈们强烈的责任感，传承爱国情怀，学校开展“瞻仰英雄”实践周活动。让我们一起来积极参与吧！

活动一：爱国情怀我体会

1. 根据语境，看拼音写词语，填入括号内。

在九一八事变 92 周年之际，我来到了位于 háng zhōu（　　　　）市的革命烈士 líng yuán（　　　　），向烈士们献上白色的菊花，来 jì（　　）奠他们，寄托 āi sī（　　　　）。望着墓碑，我心潮澎湃：中国是 jiāng（　　）域辽阔，拥有雄伟 jiàn zhù（　　　　）和清幽 huán jìng（　　　　）的美丽国度，人民安居乐业，我们也能在明亮的教室里学习，能 màn yóu（　　　　）祖国的 tiān nán hǎi běi（　　　　），bǎo lǎn（　　）各地的 fēng jǐng míng shèng（　　　　　　）。非但如此，我们在飞船和 qián（　　　）艇方面也都取得了很大成就。如今，我们还在 bù lǚ（　　　　　）坚定地往前走着……而这些都是烈士们用鲜血换来的！想到这里，我又深深地鞠了一躬，来表达我的崇高敬意。

2. 学完《少年中国说（节选）》后，小明默写了部分内容，其中有几处错误，请你用修改符号帮他修改。

> 少年志则国志，少年富则国富，少年强则国强，少年独立则国独立，
> 少年进步则国进步，少年自由则国自由，少年胜于欧洲则国胜于欧洲……

3. 阅读诗词，完成下列题目。

诉衷肠

［宋］陆游

当年万里觅[①]封侯，匹马戍[②]梁州。关河梦断何处，尘暗[③]旧貂裘[④]。
胡未灭，鬓先秋，泪空[⑤]流。此生谁料[⑥]，心在天山，身老沧州。

【注释】① 觅：寻找。② 戍：防守。③ 暗：变得暗淡。④ 貂裘：貂皮裘衣。⑤ 空：白白地。⑥ 料：预料。

【资料】陆游生于两宋之交，成长在偏安的南宋。民族的矛盾、国家的不幸和流离的生活深深影响着他，他一生都致力于祖国的统一大业。豪迈而悲壮是他一生诗词创作的旋律，而主旋律就是他浓浓的爱国情怀。

（1）鉴赏读。这首词运用了对比的手法，如当年的“万里觅封侯，匹马戍梁州”与如今的“____________”进行了对比；“____________”与“身老沧州”进行了对比。词人通过这些对比，表达了____________之情，我们从中感受到词人一生关注国家命运和民族前途的伟大爱国精神。

（2）悟情感。“胡未灭，鬓先秋”写出了词人放眼西北，残虏未扫，回首人生，两鬓已苍的情境。“泪空留”中的“泪”是____________之泪，一个“空”字既写出了词人____________，也写出了____________。

（3）谈感受。读了本首词及资料，你有什么感受？你想对陆游说些什么？

____

____

活动二：伟人精神我发扬

在伟人身上，我们总能发现无数闪光点，这些闪光点是值得我们学习和赞扬的，让我们一起走进伟人的故事！

高贵的清贫

徐贵祥

① 油菜花开时节，我们来到方志敏的故乡——江西省漆工镇的湖塘村。此处四面环山，一幢古色古香的木楼坐落在山根处，旁边是两汪平静的水塘，这就是方志敏故居。

② 回顾二十世纪二三十年代那些投身革命的知识分子，大都有殷实的家境。因为信仰，因为革命，他们放弃了富裕的物质生活，追求着精神上的高贵。从他们的手里经过的财富成千上万，可是他们自己的身上，却往往连一个铜板也没有。

③ 并不是每个人都配得上“清贫”这个字眼的，仅仅身无分文，还不是清贫。清贫是一种境界，只有精神高贵的清贫才是真正的清贫。

④ 方志敏的故事给我留下深刻的印象。例如，在他被俘之后，国民党屡次派出高官劝降，甚至蒋介石亲自出面许以高官厚禄，均被方志敏在谈笑中拒绝。

⑤ 我看到过一张方志敏身穿军装挥手告别的照片，那是在他率部北上抗日的前夕，在葛源的枫林村，那个高高举过头顶、直直指向天空的手势，沉稳、自信、决绝，释放出一个革命者勇敢无畏的力量。那一瞬间，我对身边的朋友说，方志敏不仅是一位革命英雄，也是一个贵族。

⑥ 贵族是什么？不是世代因袭的爵位，也不是显赫的权势，真正的贵族，有一颗悲天悯人的心，有一腔实现理想信仰的热血，有一副宁为玉碎不为瓦全的铮铮铁骨。当年才 30 多岁的方志敏，掌管着闽浙皖赣(gàn) 苏区的政治、经济、军事大权，可谓一言九鼎，从他手里经过的真金白银不在少数。可是，在“方志敏式”的苏维埃政府内，节俭却蔚然成风，连铅山县委买了 12 元黄烟，都受到严厉的批评，被挖苦为“好阔气的铅山县委”。

⑦ 回想小学时代读过的《清贫》，我突然发现那个时候我并没有真正读懂，不，几十年后仍然“没有读懂”。放眼望去，在这个物欲横流的时代，心里再默默地诵读那些文字，似乎从字里行间领略到另一种风景。“清贫，洁白朴素的生活，正是我们革命者能够战胜许多困难的地方！”

⑧ 我仍然记得伏尼契的小说《牛虻》中，作为革命者的牛虻——亚瑟被执行枪决的那个情节，亚瑟从一开始就对即将到来的死亡谈笑风生并且评头论足，唇枪舌剑拒绝忏悔。在士兵向他射击时，他一次次地嘲笑和矫正士兵的枪法：“来吧，孩子们，不要害怕，朝这儿打！”

⑨ 而在今天，行走在蒙蒙细雨的湖塘村，我清晰地看到了另一个更加伟大的“亚瑟”，因为他领导了更多的“亚瑟”，而他的清贫是为了更多的人不再清贫，今天的清贫是为了明天不再清贫，这样的清贫才是高贵的清贫。

——选自王剑冰《2007 年中国精短美文精选》，有删改

1.（信息提取）请你根据文章内容补全下面的内容。

方志敏故居

所处位置：________________

周围环境：________________

外形特点：________________

2.（内容理解）下列对文章内容的解读有误的一项是（　　）。

A. 投身革命的知识分子家境都十分的优越，所以才可以追求自己的理想。

B. 方志敏才三十多岁就已经手握大权了，但他依旧秉持着节俭的作风。

C. 作者通过探访故居、观看照片、回想课文等方式了解方志敏。

D. 作者将方志敏和“亚瑟”相提并论，表现了作者对方志敏的推崇。

3.（句子赏析）请你从描写手法的角度赏析下列句子。

在士兵向他射击时，他一次次地嘲笑和矫正士兵的枪法："来吧，孩子们，不要害怕，朝这儿打！"

4. （体会主旨情感）请结合下面的句子，谈谈你对"高贵的清贫"的认识。

① 并不是每个人都配得上"清贫"这个字眼的，仅仅身无分文，还不是清贫。清贫是一种境界，只有精神高贵的清贫才是真正的清贫。
② 而他的清贫是为了更多的人不再清贫，今天的清贫是为了明天不再清贫，这样的清贫才是高贵的清贫。

活动三：当代英雄我了解

从非连续性文本阅读中细细感悟当代英雄为国家所作的贡献。

（一）

【材料一】 某学校开展"崇尚英雄，精忠报国"主题班会活动，对全校学生做了"小学生了解英雄人物情况"问卷调查，以下是调查数据统计。

了解情况	古代英雄	革命英雄	当代英雄	动漫英雄
了解	82%	88%	33%	82%
不了解	18%	12%	67%	18%

【材料二】《现代汉语词典》中对"英雄"的解释如下：不怕困难，不顾自己，为人民利益而英勇斗争，令人钦敬的人。

【材料三】 川航机长刘传健，在万米高空客机驾驶舱玻璃脱落的危急情况下，驾驶飞机奇迹返航。他被授予“中国民航英雄机长”称号。能够在生死一线之际成为英雄，源于他日常工作中精益求精的专业精神和出类拔萃的专业能力。

【材料四】【颁奖词】程开甲——大业光寰宇：空投、平洞、竖井；朔风、野地、黄沙。戈壁寒暑成大器，于无声处起惊雷。一片赤诚，一生奉献，一切都和祖国紧紧相连。黄沙百战穿金甲，甲光向日金鳞开。

——选自百度题库（https://easylearn.baidu.com/edu-page/tiangong/questiondetail?id=1804978646826025097&fr=search），有改动

1. 从材料一中得到的信息是______________________________。

2. 川航机长刘传健能够在生死一线之际成为英雄的原因是____。

3. 材料四提到的英雄是____________，他是我国著名的物理学家，是我国核试验科学技术体系的创建者之一，被称为中国的“核司令”。在他的颁奖词中，____写出了他艰苦的工作环境和卓越的成就；____________________________________写出了他的高尚爱国情怀。

4. 请你根据材料二中对“英雄”的解释，写一个当代英雄，并简述他（她）的事迹。

注：从中华人民共和国成立至今为当代。

____

____

____

____

（二）

林则徐

【材料一】

林则徐出生在侯官县（今属福州市）左营司巷，清末政治家、民族

英雄。任职期间，他注重发展生产、兴修水利、赈济灾民、清理积案，做了不少对民众有利的事，有“林青天”之美誉。

1838年年底，道光皇帝任命林则徐为钦差大臣，派他前往广东查禁鸦片。林则徐在虎门海滩将缴获的鸦片全部销毁，虎门销烟是中国人民禁烟斗争的伟大胜利，名震中外。

林则徐是中国近代开眼看世界的第一人。他主张向西方学习，并付诸行动，迈出“师夷长技以制夷”的第一步，并提出建设一支新式海军的主张，以反对外来侵略。他设法购买英制大炮，捐资仿造欧洲战舰，并搜集绘制了八种新式战船图式，为全国首创。同时，他还设立译馆，对“所得夷书，就地翻译”，组织编译《华事夷言》《各国律例》《四洲志》等书。

林则徐抗英有功，却遭到投降派诬陷。1841年，清政府下令，将林则徐充军新疆伊犁。林则徐在与家人告别时，写下了“苟利国家生死以，岂因祸福避趋之”的激励诗句。

——选自王坚德《福建历史》，有删改

【材料二】

1996年6月7日，中国科学院北京天文台陈建生院士发现了一颗小行星。

按照国际小天体命名委员会的规定，谁发现了小行星，谁就拥有命名权。陈建生院士领导的施密特CCD小行星项目组和国际小天体命名委员会成员、北京天文台朱进博士，提议将新发现的这颗小行星命名为“林则徐星”。林则徐的禁毒和治水业绩，得到了国际社会的公认，因此国际小天体命名委员会批准了中国科学院的建议。

——选自百度题库（https://easylearn.baidu.com/edu-page/tiangong/questiondetail?id=1741035055302481414&fr=search），有改动

1. 下列不属于林则徐组织编译的书是（　　）。

A.《华事夷言》　　　　B.《海国图志》

C.《各国律例》　　　　D.《四洲志》

2. 国际小天体命名委员会批准了中国科学院院士的建议，将新发现的小行星命名为“林则徐星”，原因是（　　）。

A．林则徐是中国近代开眼看世界的第一人。

B．林则徐搜集和绘制了八种新式战船图式，为全国首创。

C．林则徐的禁毒和治水业绩，得到了国际社会的公认。

D．林则徐做了不少对民众有利的事，有“林青天”之美誉。

3．材料一中第③自然段的结构是（　　）。

A．总—分　　　　B．并列

C．分—总　　　　D．总—分—总

4．“苟利国家生死以，岂因祸福避趋之”是林则徐写下的诗句，结合上述材料，说说你对这两句诗的理解。

____

____

第五单元　自然万物主题展

同学们，神秘的宇宙，神奇的自然，有趣的生活……好奇的你们一定对许多事物充满探究欲。

阅读，让我们走进更广阔的世界；互联网，为我们认识世界架起了云上空间。让我们举办一场“自然万物主题展”，带着一双善于发现的眼睛，去了解它们。让我们做回小小讲解员，将自己感兴趣的事物介绍清楚。

任务一：探访博物展会

同学们，列夫·托尔斯泰曾说过：“预习是学习的基石，是学习的前提条件。”围绕预学单开展自主学习吧！

学习活动一：寻访展品信息

1. 云游博物馆。利用网络平台，观看中国国家博物馆数字展厅“月球样品 001 号·见证中华飞天梦”展览，直观地感受一场主题展览会所需要呈现的内容以及其他相关场景布置。

想要看展的小伙伴，可以选择以下路径 1 或路径 2，开始云游体验吧！

路径 1：“国家博物馆”微信公众号——看展览——虚拟展厅。

路径 2：智慧中小学 APP——课后服务——文化艺术——线上博物馆。

2. 实践寻访。我们班将进行“自然万物主题展”，请你通过寻访苏州相关博物馆、街头随手拍、网上查阅资料等方式，记录自己感兴趣的展品。

学习活动二：聊聊自然万物

自然万物寻访笔记。结合你的参观和寻访，确定好展览的物品，展开搜索探秘活动吧！

如果要选择一种你了解并感兴趣的事物介绍给别人，你打算介绍什么？下面表格中的提示对你是否有启发？

与动物有关	恐龙	袋鼠的自述	动物的尾巴
与植物有关	菊花	热带植物大观园	种子的旅行
与物品有关	灯	扫地机器人	溜溜球的玩法
与美食有关	涮羊肉	怎样泡酸菜	我的美食地图
其他感兴趣的内容	火星的秘密	草原旅游指南	中国传统吉祥物

“我最想展览的物品”寻访笔记

我最想展览的物品：____________________

我准备这样搜集资料：

□查阅书籍　　□上网搜索

□其他方式 ________________________

学习活动三：主题展初步策划方案

说一说展览形式。根据观展人群确定你想要呈现的展览形式。

观展人群：____________________

展览形式：

海报展板（　）　　配套书签（　）　　好物说明书（　）

好物推介会（　）　　佳作展示（　）　　视频短片（　）

线上云展会（　）

同学们，爱因斯坦曾说过："学习知识要善于思考，思考，再思考。"打开研学单，开始学习吧！

学习活动一：寻访展品信息

填一填信息卡。每一种事物都有不同的方面可以介绍，要抓住事物的主要特点。你打算介绍哪种事物？分别从哪些方面来介绍呢？试着梳理信息，分条记录在"自然万物信息卡"上，并在持续观察、资料搜集中不断完善它。

自然万物信息卡		
介绍事物		
介绍内容	观察所得信息	搜集资料所得信息

学习活动二：聊聊自然万物

大家都已经找到了想要介绍的事物，那么如何把它的主要特点介绍清楚呢？让我们再跟着课文去找找将事物"说明白"的窍门吧！

1. 制作太阳资料卡。结合课文信息，搜集相关资料，运用思维导图制作一张太阳资料卡。

2. 制作松鼠名片。默读课文，把从课文中获得的有关松鼠的信息分条写下来。

3. 说明方法我知道。通过学习课文，我们已经知道了很多种说明方法，小学阶段比较常用的是打比方、列数字、举例子、作比较。下列句子使用的说明方法分别是什么呢？

（1）松鼠体型细长，体长 17～26 厘米，尾长 15～21 厘米，体重 300～400 克。（　　　　）

（2）环境监测是环境保护的耳目和哨兵。（　　　　）

（3）科学家提出了许多设想，例如，在火星或月球上建造移民基地。（　　　　）

（4）这座电视塔高 368 米，大约有 120 层楼那么高。它的外形像一个待发射的火箭。（　　　　）（　　　　）

学习活动三：主题展初步策划方案

小组合作，共同完成主题展策划方案。确定展览时间、展览地点、展览形式、展览内容等。

自然万物主题展策划方案	
展览时间	
展览地点	
展览形式	
展览内容	

同学们，陆游曾写道：“纸上得来终觉浅，绝知此事要躬行。”翻到拓学单，检测一下你们的学习成果吧！

学习活动一：寻访展品信息

1. 设计展区。根据本单元学习内容及寻访笔记，我认为可以将展览分为以下展区。

展区 1：＿＿＿＿＿＿＿＿＿＿＿＿＿＿＿＿＿＿＿＿

展区 2：＿＿＿＿＿＿＿＿＿＿＿＿＿＿＿＿＿＿＿＿

展区 3：＿＿＿＿＿＿＿＿＿＿＿＿＿＿＿＿＿＿＿＿

展区 4：＿＿＿＿＿＿＿＿＿＿＿＿＿＿＿＿＿＿＿＿

2. 绘制排版。明确各小组所负责的展区。小组讨论，商量展板的排版，绘制简单的排版图。

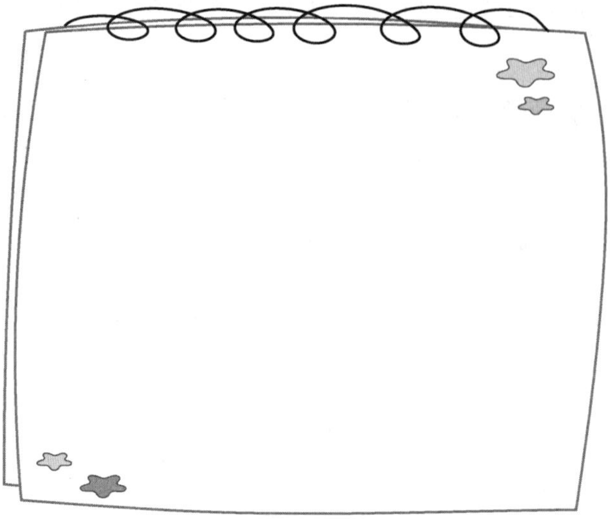

学习活动二：聊聊自然万物

小试牛刀。用上一些说明方法，事物的特点就能被“说明白”了。选择你要介绍的事物的一个特点，也试着用上多种说明方法来说一说吧！

____

____

任务二：来布置我们的主题展吧！

同学们，列夫·托尔斯泰曾说过：“预习是学习的基石，是学习的前提条件。”围绕预学单开展自主学习吧！

学习活动一：布置太阳展览区

查一查。利用网络、书籍，进一步查找有关太阳的信息。

关于太阳，我还知道以下信息可以作为补充介绍：______________

____

____

学习活动二：创建动物影音室

1. 想一想。为松鼠布展，我的建议是：________________________

____

____

2. 改一改。根据思维导图评价表，小组合作，将之前的关于《松鼠》一课的相关信息利用思维导图进行完善。

评价标准	达成度
分类标准合理，主干、支干层次清晰	☆☆☆☆☆
关键词概括准确，能涵盖课文所表现的事物不同方面的具体特点	☆☆☆☆☆
色彩搭配合理，图案文字搭配恰当，整体美观	☆☆☆☆☆

3. 查一查。查找白鹭的资料，并进行合理筛选。

____

____

____

4. 读一读。拓展阅读周建人笔下的《蜘蛛》，看看作家是怎样介绍动物朋友的。

阅读链接：

蜘蛛（节选）

周建人

天气暖起来了，蜘蛛又出来在檐前做网。这使我记起幼时曾猜过一个谜，谜语是："南阳诸葛亮，稳坐中军帐，排起八卦阵，单捉飞来将。"

此后我就留心这八条脚的"诸葛亮"怎样捉拿飞将，并且看出，它有各种各样捉拿的方法。如果蚊、蚋等小虫飞去，触在网上，亟待挣扎时，蜘蛛忽然赶到，急忙地把它捉住，咬在"嘴"里，或者就吸食它的汁液，或者咬了回到网中央或檐下去了。好像我们咬片面包或饼干的不费力气。如果投入网里的不是这等小虫，却是气力较大的飞虫，它急忙跑来，便放出丝来，用脚拿了丝向飞虫去缚。直到那牺牲者挣扎不动为止。如果来的飞将是带枪的，例如蜜蜂；蜘蛛见它被网粘住，赶到前面，用丝向飞将身上绕一下，转身便走，恐怕被它的标枪投着。但走不多远，又回转去，再绕一下，又走开。随后是接连绕几转，跑开一次，等到看着那飞将挣扎的力量已弱，才靠近它的身边，把它细细捆缚。有时捆缚的丝密倒像一个布袋。蜜蜂被包在这样的袋中时，往往还会发吱吱的微声。但是小孩们常爱蜜蜂，不喜欢蜘蛛，如被他们看见，往往把蜜蜂救下来了。

但是最难捉的是披甲的飞将，比方有一个甲虫飞入网里，被兜住了，但是它的甲很厚，很重；不但如此，而且它的力气很耐久。它的六条脚东一推西一撑，好容易把这条腿缚住，那条腿又伸出来了。有时候缚了几转，又被它滑脱，啪的一声跌在地上。蜘蛛只能怅然地在网上望一望。这倒还没有什么要紧，最可怕的是碰见蜾蠃。它静悄悄地忽然来了；振动它的翅膀，刺刺地向网里去一撞，急又离开。网起了振动，蜘蛛以为已有物网住，匆匆地赶去捕捉时，不提防蜾蠃用了最敏捷的手段，突然把它用足抱住，迅速飞去。蜘蛛被它袭击时，很难得幸免的。它被捕去，被蜾蠃用刺刺得它全身麻木，封在泥房里，给蜾蠃的儿女长大起来的时候当面包吃。空的蛛网从此不再行修补，逐日破坏下去，至于飞散、消灭。

——选自周蘘《花鸟虫鱼及其他——周建人科学小品选读》，有删改

学习活动三：制作手作说明书

1. 做一做。按照《风向袋的制作》中的步骤介绍，试着做一做风向袋。

2. 比一比。搜集家中的物品说明书，比较一下不同事物的说明书有哪些相同之处。

同学们，爱因斯坦曾说过："学习知识要善于思考，思考，再思考。"打开研学单，开始学习吧！

学习活动一：布置太阳展览区

1．制作太阳名片。

文章是怎样介绍太阳的特点的？研读①—③自然段，提取关键信息。辅以恰当的图片，制作成一张个性化的太阳名片。

照片：	姓名： 英文名： 居住地：	特点1：
特点2：	特点3：	

2．说明太阳的作用。

太阳和我们的关系非常密切。请以小组为单位整理说明资料，辅以恰当的图片，说明太阳对人类的作用。

3. 完成展板设计。

小组合作交流，分工合作，完成太阳展览区展板设计。

学习活动二：创建动物影音室

1. 为松鼠解说。不同的展览内容，我们可以采取不同的介绍方式。请同学们小组合作，结合课前搜集的资料，用自述的形式，为松鼠撰写解说词，把松鼠最讨你们喜欢的一方面介绍给大家。

松鼠的自述

2. 为白鹭代言。借助白鹭的资料，进行合理筛选，完成改写单。

白鹭姿态优美，动作潇洒，极富飘逸之神韵。伫立时，白鹭收敛羽翼，颈部或伸或缩，修长的腿轻松地支撑着雪白的身躯，俨然“雪衣公子立芳洲”。白鹭属鹳形目，大多数白鹭有白色的羽毛，到了繁殖季节，还会长出很长的漂亮羽毛。

白鹭，体长约56厘米，全身羽毛白色，生殖期间枕部垂有两条细长的长翎作为饰羽，背和上胸部分披蓬松蓑羽，生殖期结束后消失。细长黑喙，黑腿，黄脚掌。——选自2011年福建省厦门市中考语文卷，有删改

外形	特点（原文中的描写）	改写后
身段	大小适宜、流线型结构	
蓑毛	雪白	
喙	铁色	
脚	青色	
颜色	白色	

3. 秒懂“巨无霸”。选取文章中合适的内容，为鲸撰写一分钟左右的秒懂视频或音频脚本。

学习活动三：制作手作说明书

制作手作说明书。全班合作，选择一样事物，先在小组内以思维导图的形式梳理该事物的制作（使用）方法，并分享交流。根据全班交流的结果，完善思维导图。

评价标准	组内评价	全班评价	可以这样修改
主要信息介绍完整	☆☆☆☆☆	☆☆☆☆☆	
具体制作（使用）过程清楚	☆☆☆☆☆	☆☆☆☆☆	
能恰当使用说明方法	☆☆☆☆☆	☆☆☆☆☆	

同学们，陆游曾写道：“纸上得来终觉浅，绝知此事要躬行。”翻到拓学单，检测一下你们的学习成果吧！

学习活动一：布置太阳展览区

1. 我是小小讲解员。

根据已完成的资料卡，梳理、整合，形成合适的解说稿，并根据评价标准，进行讲解练习。

等级	评价标准
一星	围绕太阳的某一方面，搜集相关资料，用简洁的语言进行表达
二星	用简洁、生动的语言介绍太阳的某一方面，并配以相关图片，以图文并茂的形式呈现
三星	合理设计资料卡的界面，做到清楚美观；语言表达精简凝练，可读性强；图片资料吸引观众，针对性强

2. 我做“祝融”代言人。

火星，是个神秘的星球，人类从未停止过对它的探索。2020 年，我国首次发射的自主火星探测器“天问一号”到达火星，我国自主研发的“祝融号”火星车开始对火星进行探测。通过探测，火星车发回有关火星地形地貌、表面状况、矿物分布等方面的信息。

【材料一】火星橘红色外表是因为地表被赤铁矿（氧化铁）覆盖。欧洲古代把火星称为“马尔斯”（古罗马神话中“战神”的名字），火星也被称为“红色星球”。古人因为它荧荧如火，位置和亮度时常变动而称之为“荧惑”。

【材料二】火星大气以二氧化碳为主（95.3%），还有氮气（2.7%）、氩气（1.6%）、微量的氧气（0.15%）和水汽（0.03%）等。

【材料三】火星上的平均温度大约为−55℃，冬天约−133℃，夏日白天的温度将近 27℃，温度跨度很大。

【材料四】火星的直径约为地球的一半，是太阳系距离太阳第四近的行星，是太阳系里四颗类似于地球的行星之一。火星的自转和地球相近，但公转周期是地球的两倍。

【材料五】火星距离地球最近时约为 5500 万千米，最远时距离则超过 4 亿千米。两者之间的近距离接触大约每 15 年出现一次。

【材料六】火星上没有稳定的液态水。根据观测的证据，在火星观察到类似地下水涌出的现象，雷达数据显示火星两极和中纬度地表下存在大量的水和冰。

【材料七】火星和地球一样拥有多样的地形，有高山、平原和峡谷。

【材料八】火星上有很多位置以中国地名命名，如：西柏坡、周庄、天柱山、五星、杨柳青等。

【材料九】美国、日本、印度、中国等国共已发射数十艘太空船研究火星表面、地质和气候，有成功，也有失败。2021 年 5 月 15 日，“天问一号”着陆巡视器成功着陆于火星乌托邦平原南部，我国首次着陆火星探测任务取得圆满成功。

作为太空发言人的你，怎样在发布会上为大家介绍火星呢？

——选自吉春亚本真书院微信公众号《召开云上博览会——部编版五上第五单元任务群设计构想》，有删改要求：

（1）以“祝融号”或者发言人的口吻介绍火星。

（2）用上不同的说明方法，至少把火星的两个特点说明白。

____

____

____

学习活动二：创建动物影音室

1. 松鼠影音室。根据评价标准，完成动物影音室之松鼠区域的课件或者视频展示。

评价标准	达成度
结合文本内容，形成一段通顺的文字，并能搜集相关图片资料，以图文并茂的形式呈现	☆☆☆☆☆
从文本内容出发，进一步搜集资料介绍松鼠，并能运用简单的多媒体制作解说课件	☆☆☆☆☆
以影像资料为主呈现作品，配以生动的解说，解说词简洁凝练，能引起观众的兴趣	☆☆☆☆☆

2. 秒懂“巨无霸”。根据脚本，制作相关音频、视频。

3. 完成动物影音室展览设计。小组合作，完成松鼠、白鹭、鲸的展览设计。

学习活动三：制作手作说明书

撰写展览物品说明书。根据班级完善的思维导图，撰写一份制作（使用）说明书，提供给前来参观的观众。

______制作（使用）说明书

材料：______

制作（使用）步骤：

第一步：______

第二步：______

第三步：______

______

任务三：举办自然万物主题展

同学们，列夫·托尔斯泰曾说过："预习是学习的基石，是学习的前提条件。"围绕预学单开展自主学习吧！

学习活动一：完善我们的策划方案

修改初步方案。在之前"自然万物主题展"初步策划方案的基础上，我认为还有以下地方可以进行完善，我的想法是：______

______

学习活动二：评选金牌解说员

做一回展览解说员。在之前"我最想展览的物品"寻访笔记的基础上，选择自己感兴趣的一种事物，根据本单元所学知识，查找相关资料，利用恰当的说明方法，以图文、音视频等多种形式准备好你的解说。

学习活动三：一起来参展吧

布置展览会。根据修改后的策划方案，各小组完成所负责展区的布置工作。

同学们，爱因斯坦曾说过："学习知识要善于思考，思考，再思考。"打开研学单，开始学习吧！

学习活动一：完善我们的策划方案

完善策划方案。小组讨论，完善组内展览会方案。全班交流，再次讨论，形成班级展览会最佳策划方案。

学习活动二：评选金牌解说员

1．形成最佳方案。小组讨论，制定评价解说稿的标准。全班交流，形成最佳解说方案。

2．评选金牌解说员。各小组先根据最佳解说方案进行彩排，然后在班级内进行展品推介，最后由各组推荐一位同学担任小评委进行评选，最终选出金牌解说员。

评价标准	达成度	我的建议
能抓住事物的特点	☆☆☆☆☆	
能恰当使用说明方法	☆☆☆☆☆	
能介绍事物的不同方面	☆☆☆☆☆	
语气适当，富有感染力	☆☆☆☆☆	
恰当使用 PPT 或图片	☆☆☆☆☆	

学习活动三：一起来参展吧

1．精彩展示。进行自然万物主题展，由选拔出来的金牌解说员进行现场解说。

2. 互动评价。邀请全校同学观看展览，投票选出印象最深刻的一样展品。

同学们，陆游曾写道：“纸上得来终觉浅，绝知此事要躬行。”翻到拓学单，检测一下你们的学习成果吧！

同学们，在这一单元，我们感受到了说明文科学严谨的表达特点，了解了不同的说明方法以及说明文多样的语言风格，了解了介绍事物的方法。在生活中，有没有哪些让你们觉得特别好用或者自己特别喜欢的东西，想要推荐给大家呢？请你们做一回好物分享家，在你们的“好物直播间”里，在你们的“好物展览摊位”上，分享你们的好物，让更多人喜欢上它。拿出你们的作文本，写一写你们的好物推介稿吧！

同学们，自然万物主题展即将结束。最后，来检验一下本次展览的收获吧！

素养测评

同学们，学习本单元后，我们知道了说明文以将事物“说明白”为目的。接下来，让我们开展一场以“我们身边的说明书”为主题的研学活动吧！

活动一：阅读动物说明书

	鲸的体形像鱼，呈梭形，通常体长为22~33米，全身均呈淡蓝色或鼠灰色。鲸是哺乳动物，皮肤 guāng huá ______，没有鳞片。
	猎豹的毛发呈浅金色，上面点缀着黑色实心圆形斑点。它身姿（娇　矫）健，爪子非常 ruì　lì ______，行动 mǐn　jié ______，能迅速抓住猎物。
	喜鹊的头、背至尾均为黑色，用鸟喙（huì　yuán）（疏　梳）理羽毛，身形小巧 líng lóng ______，常站在树杈（chā　chà）上歇（xiē　xiè）脚。

1. 根据语境，看拼音写词语，填入横线内。

2. 用“√”在括号内选出正确的读音或汉字。

3. 在一般文章中，“鲸的体形像鱼，呈梭形”是用了__________的修辞手法，形象地展现了鲸的身体形状。在说明文中，这种手法叫__________，是一种能具体、生动说明事物特征的方法。

活动二：解析地球说明书

阅读说明性文章，学会抓住要点，了解说明方法。

别眨眼，地球正在变色中

欧阳晨煜

① 地球在人们的脑海里是蓝色、绿色、白色相间的美好家园，蓝色是汹涌的海洋，绿色是葱郁的森林，白色则是南北极的冰天雪地和遍布全球的云彩。然而，或许谁也想不到，地球最初的颜色竟然是暗红色！

幼年期

② 由于在剧烈的碰撞和融合中诞生，所以“熊孩子”时期的地球脾气可不算太好，整个地表都被滚烫的岩浆覆盖，这使得新生的地球看上去像一颗熊熊燃烧的火球。

③ 随着一步步成长，地球的脾气渐渐变得温和，体温也在慢慢下降，地表的岩浆逐渐冷却凝固，形成了最早期的玄武岩陆地。所以逐渐长大的地球就变成了酷酷的黑色。

④ 在这之后，大约又过了6亿年，地球上出现了大量最原始的水，几乎90%的地表被水覆盖，变成了一颗温温柔柔的水球，这也让它又一次变色。但由于当时地球上的氧气含量极其少，水中大量的元素只能与其他元素反应，生成一种叫作“无氧铁锈”的物质，这种物质把水染成了清新的绿色，所以地球正式变为一颗绿色的星球。

成年期

⑤ 在经历过3次炫丽变色之后，地球似乎已经适应了自己的“变色球”身份。可谁也没想到，它居然还会变成神秘而高贵的紫色。

⑥“紫色地球假说”于2007年在美国天文学会年会上首次被提出，

提出者认为，曾经有一种微生物的大量存在，使得地球一度呈现出紫色。尽管没有确凿的证据表明地球曾经是紫色的，但这无疑是一种可靠的猜测。

⑦ 但好景不长，大约在24亿年前，地球进入地质史上最严重且持续时间最长的一次冰河时期——休伦冰河时期。此时整个地表全部被厚厚的冰雪覆盖，并且一直持续了3亿年，地球变成拒生命于千里之外的冰封肃杀的白色星球。

壮年期

⑧ 在历经几次变色后，由于71%的地表都被海洋覆盖，所以伴随着休伦冰河时期的结束，地球呈现出了明亮又平静的蔚蓝色。

⑨ 但是如果你以为，当下我们所处的地球还是蔚蓝色的，那就错了。事实上，地球又一次悄悄变色了。近些年来，过度的人类活动严重破坏了地球环境，导致荒漠的面积增加，绿色的植被逐渐减少；冰山融化，海洋慢慢淹没陆地，白色也越来越少。地球迫不得已变成一颗暗沉沉的灰蓝色星球。

⑩ 科学家认为，如果人类继续不加节制地开发资源、破坏地球生态，地球变色的速度恐怕还会继续加快，只不过，它不会再变出美丽、纯净的颜色，只会变得越来越黯（àn）淡，逐渐失去光泽。

⑪ 可见，以后的地球会变成什么颜色，主导权在人类手中。你期望看到一个什么颜色的地球呢？

——选自《知识窗·上半月》2022年第9期，有删改

1. 请根据文章内容，补全地球颜色变化导图。

地球颜色
- 幼年期——暗红色、________、________
- 成年期——________、________
- 壮年期——________、________

2. 按要求回答下面的问题。

在这之后，大约又过了6亿年，地球上出现了大量最原始的水，几乎90%的地表被水覆盖，变成了一颗温温柔柔的水球，这也让它又一次

变色。

（1）句中的加点词“大约”“几乎”能不能删去？为什么？

（2）句中运用了哪种说明方法？有什么作用？

3. 读完文章，请你说说你期望看到一个什么颜色的地球，并思考在实际生活中可以怎么做来保护地球。（任写 2 条）

活动三：探索植物说明书

擦亮洞察语言的眼睛，挖掘文本的表达方法，内化于心，学以致用。

默契的植物“朋友圈”

袁则明

① 走进铺青叠翠的公园，可不要踩踏草坪，因为小草会产生一系列“悲愁”反应。

② 小草对昆虫及病毒有一整套防御系统，当一株小草被虫咬或感染病毒后，就会释放一种叫茉莉酸甲酯的物质，易挥发，其气味既是植物间交流的“语言”，又是求救或预警的信号。

③ 当我们踩踏到小草后，它可能误认为来了大大的昆虫，便会向“朋友圈”发出信号，从而让“朋友们”迅速合成能防虫、防毒的物质，这样整个草坪里都会营造出一种十分紧张的氛围。一般情况下，人们闻不到这些气味，只有在割草时，小草们误以为大量昆虫来袭时才会形成气味连动，我们也才能闻到青草香味。

④ 小草除了被我们踩踏会发出错误信息外，靠气味“语言”来传播信息也往往会误事。比如，它们本想把信息发给东侧的“朋友圈”，结果

被大风刮向西侧。另外，发出的信息没有加密，容易被“窃听”，使得有些寄生植物很容易找到喜爱的寄主。

⑤ 如此不严谨的防御系统，显然不符合生物进化史。于是，科学家们猜测，至少那些大树不会运用这种“语言”沟通，植物肯定会升级防御系统，以确保自己生存和繁衍。

⑥ 加拿大艾伯塔大学生态学家约瑟夫·伯奇带领的一个团队，发现了一片森林长得特别茂盛，说明树木防御系统应该很完备，可他们并没有发现异常情况，只检测到地下布满了真菌网络。

⑦ 关于真菌的作用，学者康斯坦丁曾做过一个实验，他在法国阿尔卑斯山1400米高的山坡上同时种了两组马铃薯，一组没有施肥只带了真菌，另一组没有施肥且不带真菌，结果带了真菌的马铃薯获得了大丰收，另一组却颗粒无收。这说明真菌能传递养分和水，滋养植物。但这么多庞大的树木，仅靠真菌传递养分显然不可能，也就是说，真菌与植物生长和发育之间一定还存在某种默契。

⑧ 为了知道它们之间的秘密，科学家们又进行了另一项实验，他们把甲、乙两株番茄接上同一种菌根菌，中间用薄的不锈钢板隔开，然后将甲株番茄接种易感染的病原菌，并用袋子把地上的部分套起来，以免地上部分进行传播，同时，还有另外三个不同的对照组。经过一段时间后，科学家们发现，乙株番茄体内有了一些防御性酶和能分解真菌细胞壁的几丁质酶。说明甲株番茄已从根部将病毒情报通过真菌传递给了乙株，并且乙株及时地做好了预防措施。

⑨ 在这项实验中，真菌起到了“通讯员”的作用。在此基础上，科学家们又对真菌与树木之间的关系进行了深入探索，发现真菌除了传递病毒、昆虫情报外，还会把土壤中哪里有水分、氮和磷等情报提供给大树。当然，真菌也没忘了它有传递养分的功能，在遮天蔽日的森林里，当一棵刚出生的小树无法通过光合作用获得养料时，真菌也会传输其他大树的营养供幼苗生长。

⑩ 一种树木的根与真菌联系具有专一性，这样，同种树木之间就形成了一个封闭且加密的区域网络，当真菌把情报信息发到“朋友圈”后，树木就会根据情报采取相应对策，确保生命安全。

⑪ 那么，真菌为什么要向树木提供这些情报呢？因为真菌需要树木给它们提供碳源，这是“一损俱损，一荣俱荣”的森林管理体系。这套地下防御系统，使得植物能在极其恶劣的环境下，尽可能减少死亡，甚至可能会帮助人类降低温室效应的影响，所以，我们一定要爱护森林。

——选自《知识窗》2022 年第 5 期，有删改

1. 下列对于文章内容的理解和分析，不正确的一项是（　　）。

A. 本文语言生动，多处使用修辞手法，属生动说明文。

B. 本文按照逻辑顺序一步步揭秘植物是通过何种方式建立防御系统的。

C. 第⑤自然段是过渡段，由对小草防御系统的介绍过渡到对树木防御系统的介绍。

D. 文章第⑨自然段画线句用了举例子的说明方法，说明真菌具有传递情报的作用。

2. 根据短文内容，将下列笔记补充完整。

主体	物质	作用	备注
小草	________	向“朋友们”传递信息，从而让“朋友们”迅速合成________________的物质	对踩踏会发出错误信息；靠气味“语言”来传播信息往往会误事
大树	真菌	传递养分和水；____________	树木给真菌提供________

3. 阅读下面两则材料，说说本文的语言风格与哪一则材料相似，并简要分析。

【材料一】 所有的孤雁都有一种共性：它们的飞行和鸣叫很频繁，而且声调忧郁。于是人们就得出结论：这些孤雁是伤心的单身。

——《大雁归来》

【材料二】 赵州桥非常雄伟，全长 50.82 米，两端宽 9.6 米，中部略窄，宽约 9 米。桥的设计完全合乎科学原理，施工技术更是巧妙绝伦。

——《中国石拱桥》

____

4. 在学校环卫体验活动中，你和州州负责协助园林工人修剪草木，州州疑惑为什么修剪时青草香味浓郁，请你向她解答。

____

____

第六单元　“见字如面 笺短情长”围读会

父母的爱，如同春日的阳光，温暖而细腻，照亮了我们的成长之路。他们的关怀与支持，犹如夏夜的微风，轻柔地抚慰着我们的心灵，让我们在遇到困难和挫折时，总能感受到一份力量，勇敢地面对生活的挑战。今天，就让我们一起向父母说说心里话，写写心里的小秘密，走进“见字如面 笺短情长”围读会吧！

任务一：聊聊我们眼中的父母之爱

同学们，列夫·托尔斯泰曾说过：“预习是学习的基石，是学习的前提条件。”围绕预学单开展自主学习吧！

阅读本单元的课文，选择喜爱的作家，制作作家名片。

姓名：________________

国籍：________________

职业：________________

代表作品：______________

____

____

学习活动一：体会父母心中意

找一找巴迪的父母之爱。同样一首诗，巴迪父母对其的评价却有着天壤之别，读完文章，请找出父母对巴迪第一首诗的不同评价，完成下面表格。

比较对象	评价（勾画相关的语言描写）	看法	理由	长大后“我”对这份爱的看法
母亲				
父亲				

学习活动二：父母之爱之我见

拍一拍你的父母之爱。生活中你的父母跟巴迪的父母一样吗？你获得的父母之爱是怎样的呢？用镜头和文字记录下来吧！

贴照片处

同学们，爱因斯坦曾说过：“学习知识要善于思考，思考，再思考。”打开研学单，开始学习吧！

学习活动一：体会父母心中意

1. 聚焦父母评价的细节。结合预学单中的学习活动一，交流巴迪父母评价的区别，关注父母在评价时的动作、神态、心理等，进一步体会父母之爱的不同。

比较对象	动作	神态	心理
母亲			
父亲			

2. 绘制情感变化轨迹图。当父母先后看了巴迪的诗后，巴迪的情感发生了怎样的变化？请借助文中的关键语句，在方框里填上巴迪的心情，完成巴迪的情感变化轨迹图。

巴迪的情感变化轨迹图

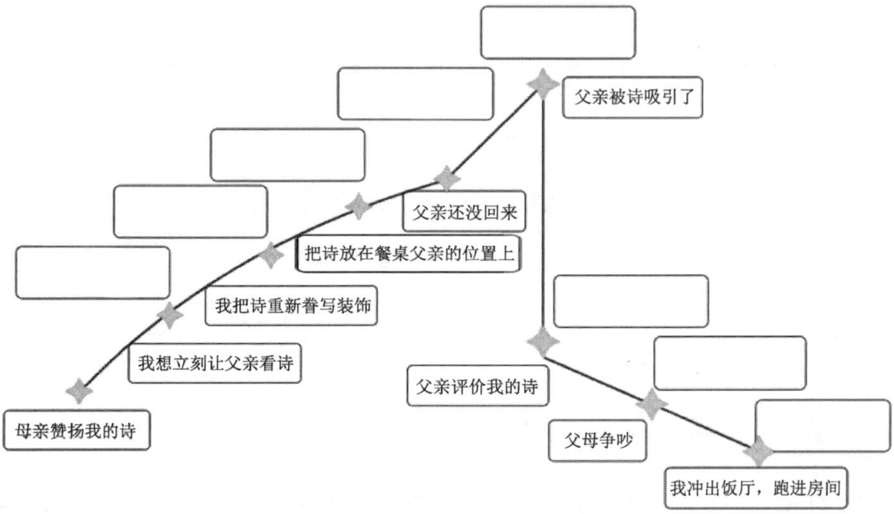

学习活动二：父母之爱之我见

1. 父母之爱谈一谈。小组交流预学单中的学习活动二，并派代表在全班交流。

交流要点：

（1）展示图片，说清照片记录的事情。

（2）表达观点，自己是否喜欢父母表达爱的方式，说明理由。

倾听要点：

尊重别人的观点，对别人的发言给予积极回应。

2. 唇枪舌剑辩一辩。小组阅读课本“口语交际”中的示例，了解不同的父母之爱，围绕“支持：精彩极了”“支持：糟糕透了”的辩题展开辩论，写下自己的论点和论据。

我的论点：______________________________

我的论据：______________________________

____

____

____

同学们，孟郊曾写道：“谁言寸草心，报得三春晖。”翻到拓学单，检测一下你们的学习成果吧！

学习活动一：品读父母之爱

阅读刘墉的《父亲的画面》，用波浪线画出令你感动的描写父亲的语句，并将你的感受写在旁边。

阅读链接：

父亲的画面

刘 墉

① 人生的旅途上，父亲只陪我度过最初的9年，但在我幼小的记忆中，却留下非常深刻的画面，清晰到即使在32年后的今天，父亲的音容仍仿佛在眼前。我甚至觉得父亲成为我童年的代名词，从他逝去，我就失去了天真的童年。

② 最早最早，甚至可能是两三岁的记忆中，父亲是我的溜滑梯，每天下班才进门，就伸直双腿，让我一遍又一遍地爬上膝头，再顺着他的腿溜到地下。母亲常怨父亲宠坏了我，没有一条西装裤不被磨得起毛。

③ 父亲的怀抱也是可爱的游乐场，尤其是寒冷的冬天，他常把我藏在皮袄宽大的两襟之间，我记得很清楚，那里面有着银白色的长毛，很软，也很暖，尤其是他抱着我来回走动的时候，使我有一种居高临下的优越感。我一生中真正有“独子”的感觉，就是在那个时候。

④ 父亲宠我，甚至有些溺爱。他总专程到衡阳路为我买纯丝的汗衫，说这样才不致伤到我幼嫩的肌肤。在我四五岁的时候，突然不再生产这种丝制的内衣。当父亲看看我初次穿上棉质的汗衫时，流露出一片心疼的目光，直问我扎不扎？当时我明明觉得非常舒服，却因为他的眼神，故意装作有些不对劲的样子。

⑤ 母亲一直到今天，还常说我小时候会装，她只要轻轻打我一下，我就抽搐个不停，且装作上不来气的样子，害得父亲跟她大吵。

⑥ 确实，小时候父亲跟我是一伙，这当中甚至连母亲都没有置身之处。我们父子常出去逛街，带回一包又一包的玩具，且在离家半条街外下三轮车，免得母亲说浪费。

⑦ 傍晚时，父亲更常把我抱上脚踏车前面架着的小藤椅，载我穿过昏黄的暮色和竹林，到萤桥附近的河边钓鱼，我们把电石挂在开满姜花的水滨，隔些时间在附近用网子一捞，就能捕得不少小虾，再用这些小虾

当饵。

⑧ 我爱夜晚的鱼铃，在淡淡姜花的香气中，随着沁凉的晚风，轻轻叩响。那时风吹过长长的钓丝，加上粼粼水波震动所发出的吟唱；似乎很近，又像是从遥远的水面传来。尤其当我躲在父亲怀里将睡未睡之际，那幽幽的鱼铃，是催眠的歌声。

⑨ 当然父亲也是我枕边故事的述说者，只是我从来不曾听过完整的故事。一方面因为我总是很快地入梦，一方面由于他的故事都是从随手看过的武侠小说里摘出的片段。也正因此，在我的童年记忆中，“踏雪无痕”和“浪里白条”，比白雪公主的印象更深刻。

⑩ 真正的白雪公主，是从父亲买的《儿童乐园》里读到的，那时候还不易买这种香港出版的图画书，但父亲总会千方百计地弄到。尤其是当我获得小学一年级演讲比赛冠军时，他高兴地从海外买回一大箱立体书，每页翻开都有许多小人和小动物站起来。虽然这些书随着我 13 岁时的一场火灾烧了，我却始终记得其中的画面。甚至那涂色的方法，也影响了我学生时期的绘画作品。

⑪ 父亲不擅画，但是很会写字，他常说些“指实掌虚”“眼观鼻、鼻观心”这类的话，还买了成叠的描红簿子，把着我的小手，一笔一笔地描。直到他逝世之后，有好长一段时间，每当我练毛笔字，都觉得有个父亲的人影，站在我的身后……

⑫ 父亲爱票戏，常拿着胡琴，坐在廊下自拉自唱，他最先教我一段苏三起解。后来被母亲说：“什么男不男、女不女的，怎么教孩子尖声尖气学苏三?”于是改教了大花脸，那词我还记得清楚：

⑬“老虽老，我的须发老，上阵全凭马和刀……”

⑭ 父亲有我时已经 40 多岁，但是一直到他 51 岁过世，头上连一根白发都没有。他的照片至今仍挂在母亲的床头。82 岁的老母，常仰着脸，盯着他的照片说：“怎么愈看愈不对劲儿！那么年轻，不像丈夫，倒像儿子了！”然后她总是转过身来对我说：“要不是你爸爸早死，只怕你也成不了气候，不知被宠成什么样子！”

⑮ 是的，在我记忆中，不曾听过父亲的半句叱责，也从未见过他不悦的表情。尤其记得有一次蚊子叮他，父亲明明发现了，却一直等到蚊子

吸足了血，才打。母亲说：“看到了还不打？哪儿有这样的人？”“等它吸饱了，飞不动了，才打得到，”父亲笑着说，“打到了它才不会再去叮我儿子！”32 年了，直到今天，每当我被蚊子叮到，总会想到我那慈祥的父亲，听到“啪”的一声，也清清晰晰地看见他左臂上被打死的蚊子，和殷红的血迹……

——选自《中学生》2016 年第 9 期，有删改

学习活动二：父母之爱之我见

你喜欢父母用怎样的方式向你表达爱？请以“我眼中的父母之爱”为主题，写一个自己印象深刻的或者感人的场景。小提示：可以运用本单元学到的方法，如：动作、神态、心理及情感变化描写等。

100 字

200 字

任务二：读读他们笔下的父母之爱

同学们，列夫·托尔斯泰曾说过："预习是学习的基石，是学习的前提条件。"围绕预学单开展自主学习吧！

学习活动一：文中寻慈母

1. 查一查。用查资料的方法了解作者姓名、代表作及本文的写作背景。

作者：________

代表作：____

写作背景：

（1）作者童年时代的家庭情况如何？

____

（2）20 世纪六七十年代，一元五角能买到什么？

____

2. 学一学。通过查资料并联系上下文，说说以下词语的意思。

失魂落魄：____

皲裂：____

数落：____

3. 理一理。这篇文章讲了一件什么事？事情的起因、经过、结果是怎样的？

这篇文章主要讲了：________________________________

起因：____

经过：____

结果：____

学习活动二：画中品父爱

1. 查一查。通过查资料的方法，了解作者吴冠中。

关于作者，我查到了：________________________________

____

2. 学一学。这篇文章中有哪些你不理解的词语？把它们写下来，并查找文字或图片资料，理解这些词语的意思。

____

同学们，爱因斯坦曾说过：“学习知识要善于思考，思考，再思考。”打开研学单，开始学习吧！

学习活动一：文中寻慈母

1. 想象场景。默读课文，边读边想象文中所描写的这四个场景。通过小组合作探究的方式，完成以下表格。

场景	“我”看到、听到的	“我”的心情变化	心情变化的原因
初到厂房			
寻找母亲			
向母亲要钱			
母亲塞钱给“我”			

2. 品味细节。以上这些场景中哪些细节让你感受到了“慈母情深”？请你默读课文，在你感受深的地方做批注，并与同学交流。

要求	评价
能独立找到相关词句并进行批注	☆☆☆
在批注中能抓住关键词进行赏析	☆☆☆
能联系自身感受体会母爱	☆☆☆
能在分享环节中积极发言	☆☆☆

3. 感悟心路。为什么“我”拿到钱没有去买书，而是去给母亲买了一听水果罐头呢？谈谈你的看法。

____

____

学习活动二：画中品父爱

1. 寻找难忘场景。在这篇课文中作者回忆了哪些难忘的场景？请根据课文内容，完成场景流程图。

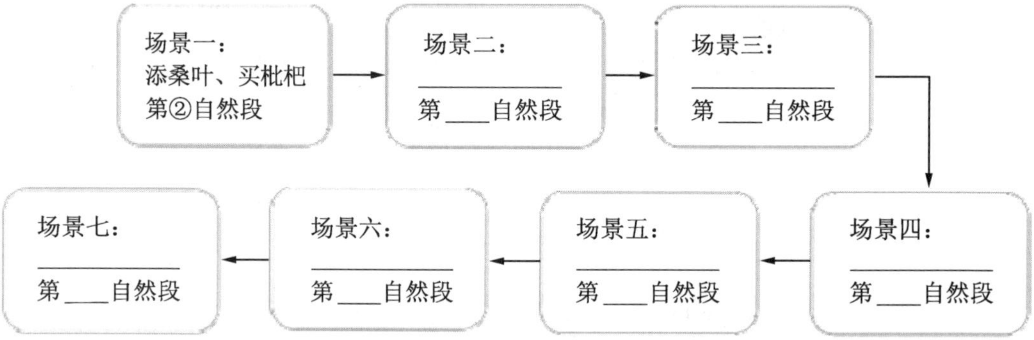

2. 思索题目奥义。课文为什么以“父爱之舟”为题？在课文中找出相关的语句，说说你的理解。

____

3. 体会结尾之妙。联系文章开头，说说这篇文章结尾的特点。

____

学习活动三：成长过程中的“第一次”

在《慈母情深》和《父爱之舟》中，作者都提到了他们成长过程中特别的“第一次”，请你找一找文中的关键语句，并结合文章谈谈你的感受。

文章	关键语句	感受
《慈母情深》		
《父爱之舟》		

同学们，孟郊曾写道：“谁言寸草心，报得三春晖。”翻到拓学单，检测一下你们的学习成果吧！

学习活动一：文中寻慈母

感受母爱之厚重。梁晓声说：“我用文字为我们这一代的母亲画了一幅像……”读一读以下选自梁晓声的《母亲》的选段，并在小组内交流阅读感受。

“你们都记住，讨饭的人可怜，但不可耻。走投无路的时候，低三下四也没什么。偷和抢，就让人恨了！别人多么恨你们，妈就多么恨你们！除了这一层脸面，妈什么尊贵都没有！你们谁想丢尽妈的脸，就去偷，就去抢……”

有时我醒夜，仍见灯亮着，仍见母亲在一针一针、一线一线地缝补，仿佛就是一台自动操作而又不发声响的缝纫机。

母亲是更瘦小、更憔悴、更苍老了，脸色很不好，蜡黄里泛着青灰。眼病分明没治愈过，眼边红红的。衣服也挺肮脏，衣襟上一片锅底灰。整个看去母亲像一截儿枯槁的树根，从泥土中抠出来不久。

从来也没人对母亲表示过如此郑重又非常真诚的尊重。一个孩子，感到自己的母亲被人尊重，这孩子能对那个人不产生好感吗？

学习活动二：画中品父爱

阅读朱自清的《背影》，想一想，文章为什么着重描写“背影”？请你结合实际生活，回忆你与父亲之间的感人场景，用画面或文字，表达父爱之深沉。

学习活动三：成长过程中的“第一次”

在我们的成长过程中，总有一些时刻、一些事能够触动你的心弦，让你第一次有了新的认识和感受。请结合自己的切身经历，试着写一写，记录你的“第一次”触动。

100字

200字

300字

400字

任务三：诉诉大家心中的父母之爱

同学们，列夫·托尔斯泰曾说过：“预习是学习的基石，是学习的前提条件。”围绕预学单开展自主学习吧！

学习活动一：书信寄我情

1. 说说心里的话。你对爸爸妈妈有什么想说的吗？可以借助这张小纸条说一说你的心里话。

爱的表白信：爸爸/妈妈，您的爱藏在__________中，我爱您！记得有一次……
爱的真心话：爸爸/妈妈，您能不能________________？记得有一次……
爱的建议单：爸爸/妈妈，请您________________。记得有一次……

（1）回忆往事：一起游玩，关心照顾，教会做人，辛苦操劳……

（2）表达想法：尊重想法，给予理解，多加关怀，适当减负……

（3）提出建议：早睡早起，信守承诺，不应吸烟、酗酒，多加陪伴……；关键场景：事件1……事件2……事件3……

2. 读读感人的信。这是袁隆平在80岁生日时写给他已故母亲的一封信，请你读读这封信，在这封信里，你感受到了一位怎样的母亲，袁隆平爷爷对母亲又是一种什么样的感情。

亲爱的妈妈：

人事难料啊，您这样一位习惯了繁华都市的大家闺秀，最后竟会永远留在这么一个偏远的小山村。还记得吗？1957年，我要从重庆的大学分配到这儿，是您陪着我，脸贴着地图，手指顺着密密麻麻的细线，找了很久，才找到地图上这么一个小点点。当时您叹了口气说："孩子，你到那儿，是要吃苦的呀……"

没想到的是，为了我，为了帮我带小孩，把您也拖到了安江。最后，受累吃苦的，是妈妈您哪！您哪里走得惯乡间的田埂！我总记得，每次都要小孙孙牵着您的手，您才敢走过屋前屋后的田间小道。

儿：平

——选自袁隆平《妈妈，稻子熟了》，有删改

学习活动二：“见字如面”围读会

有一种情，叫舐犊之情；有一种爱，在血液里温暖流淌，那就是父母之爱。在这一单元里，我们感受到了无私的母爱和深沉的父爱，也感受到了儿女对父母的感恩之情。学完了课文，还有哪些画面仍然萦绕在你的脑海里？在下表中找到令你印象深刻的一处场景，在其后画“✓”，并摘抄关键语句。

文章	场景	关键语句
课内（任选一篇）		
《慈母情深》□	母亲做工场景的描写□ 到工厂找母亲时的场景□ 母亲掏钱时的细节描写□ 母亲给钱后立即投入工作的场景□ ……	
《父爱之舟》□	住旅店的场景□ 逛庙会的场景□ 背我上学的场景□ 摇船送我去考试的场景□ ……	
《“精彩极了”和“糟糕透了”》□	“精彩极了”和“糟糕透了”父母的不同态度□ ……	
课外（自选一篇）		

同学们，爱因斯坦曾说过：“学习知识要善于思考，思考，再思考。”打开研学单，开始学习吧！

学习活动一：书信寄我情

1. 读读感人语句。读一读课文中的细节描写，找到令你感动的语句，说说你的感受。

语言描写：“谁叫我们是当妈的呀！我挺高兴他爱看书的！”

——《慈母情深》

动作描写：母亲掏衣兜，掏出一卷揉得皱皱的毛票，用皲裂的手指数着。

——《慈母情深》

外貌描写：他扎紧裤脚，穿一双深筒钉鞋，将棉袍的下半截撩起扎在腰里，腰里那条极长的粉绿色丝绸汗巾可以围腰两三圈，那还是母亲出嫁时的陪嫁呢。

——《父爱之舟》

心理描写：那一天我第一次觉得自己长大了，应该是一个大人了。

——《慈母情深》

2. 找找动人场景。再读袁隆平的信，找到动人的场景和画面，进行批注，说说你的感受。

亲爱的妈妈：

人事难料啊，您这样一位习惯了繁华都市的大家闺秀，最后竟会永远留在这么一个偏远的小山村。还记得吗？1957 年，我要从重庆的大学分配到这儿，是您陪着我，脸贴着地图，手指顺着密密麻麻的细线，找了很久，才找到地图上这么一个小点点。当时您叹了口气说：“孩子，你到那儿，是要吃苦的呀……”

没想到的是，为了我，为了帮我带小孩，把您也拖到了安江。最后，受累吃苦的，是妈妈您哪！您哪里走得惯乡间的田埂！我总记得，每次都要小孙孙牵着您的手，您才敢走过屋前屋后的田间小道。

儿：平

——选自袁隆平《妈妈，稻子熟了》，有删改

3. 写写想说的话。一封饱含深情的书信，从不在意时间的阻隔、人事的变迁，任凭时光流逝，回忆起当初的点点滴滴，打动我们的始终是父母的浓浓爱意。我们不但能读出信中流淌的母爱，眼前还会浮现出曾经的场景、感人的细节。如果没有这些恰当的语言，那么爱与感谢就是空话。所以，你有什么最想说的话要向爸爸妈妈倾诉呢？请你按照表格列出提纲。

《我想对您说》习作选材单			
倾诉的对象	最想说的一句话	背后的故事 （简要概括）	重要指数 （用★表示）
爸爸/妈妈			

学习活动二：“见字如面”围读会

1. 总结阅读方法。

请你读一读本单元《语文园地》中的“交流平台”，联系课文想一想，怎样才能更好地体会作者的思想感情呢？

2. 发现阅读密码。

这里有一封孩子写给爸爸的信，想要给爸爸提提建议。你觉得他写得怎么样呢？请帮他修改一下。

也可以搜集合适的材料，增强说服力，注意语言、语气要恰当。

修改前

> 爸爸：
>
> 　　您是一位烟不离手的“老烟民”，一天吸掉一两盒烟是常有的事，您不觉得这样做不对吗？您不觉得这样已经影响到您的身体健康了吗？您如果改掉了这个坏习惯，您在我心目中就是完美无缺的，我相信，您一定会改掉的！
>
> 您的儿子

修改后

> 爸爸：
>
> 　　您是一位烟不离手的“老烟民”，一天吸掉一两盒烟是常有的事，记得有一次，____
>
> ____
>
> ____
>
> ____
>
> ____
>
> ____
>
> ____
>
> 　　我相信，您一定会改掉的！
>
> 您的儿子

同学们，孟郊曾写道：“谁言寸草心，报得三春晖。”翻到拓学单，用书信的形式表达你们对父母的爱吧！

学习活动一：书信寄我情

从习作选材单中选择一项，把你想对父母说的话写成一封信，说出背后的故事，用恰当的语言表达自己的心里话，让他们了解你的想法，体会你的感情。

亲爱的＿＿＿＿＿＿＿＿：

　　您好！

＿＿

＿＿

＿＿

＿＿

＿＿

＿＿

＿＿

＿＿

您的儿子/女儿：＿＿＿＿＿＿＿＿

学习活动二：“见字如面”围读会

相信你的信已经写好了，在给爸爸妈妈看之前，我们小组合作一起读读你写的内容吧，看看能不能修改得更加打动人心！修改之后，按照评价标准进行评价，最后小组内选出最令你们感动的一封信，与同学交流。

习作评价单			
评价标准	学生自评	同学互评	老师评价
写书信，格式对	☆☆☆	☆☆☆	☆☆☆
说事例，要具体	☆☆☆	☆☆☆	☆☆☆
抓细节，动人心	☆☆☆	☆☆☆	☆☆☆
写真事，露真情	☆☆☆	☆☆☆	☆☆☆
书写佳，语句通	☆☆☆	☆☆☆	☆☆☆
共（　　）星　　等级：＿＿＿＿＿＿			

同学们，“见字如面　笺短情长”围读会即将结束。最后，让我们来检验一下本次围读会的收获吧！

素养测评

父爱如山，母爱似海。同学们，通过本单元学习，我们体会到父母与子女之间浓得化不开的感情，接下来，让我们通过认真答题回报父母的那份爱吧！

活动一：品无声的爱

爱是什么？爱是母亲 máng lù（　　　　）的身影，瘦弱的身躯，lián xù（　　　　）不断的关爱；爱是父亲 kù shǔ（　　　　）时铺的 xí zi（　　　　），寒冬时煮的 táng shuǐ（　　　　）；爱是老师课堂上巧妙的 qǐ dí（　　　　），kǎo shì（　　　　）前的叮咛，bì yè（　　　　）前的谆谆教导。

1. 根据语境，看拼音写词语，填入括号内。

2. 用“√”画出加点字的正确读音。

（1）母亲掏衣兜（dōu dér），掏出一卷（juǎn juàn）揉得皱皱的毛票，用皲裂的手指数着。

（2）她弯起脊（jǐ jí）背，腼腆（tiǎn diǎn）的脸上神色很颓（tuí tuǐ）败。

（3）一座偏僻（pì bì）的客栈（jiàn zhàn）旁，有一个小女孩儿在卖枇杷（pá bā）。

3. 给句子中加点词语选择正确的解释，将序号填入括号中。

（1）教训：① 教育训诫；② 从错误或失败中取得的知识。

你应该吸取教训，不能在同一个问题上反复栽跟头。（　　）

你怎么能不分青红皂白就教训人？（　　）

（2）阴暗：① 暗；② 阴沉。

他脸上露出阴暗的神色。（　　）

地下室阴暗而潮湿，不适合居住。（　　）

4. 按要求完成句子练习。

（1）杭州有一处小山，全是桂花树，花开时那才是香飘十里。（照例

句，仿写句子）

____

（2）父爱是太阳，即使在乌云密布的日子里，我也能感受到它的光芒。（用加点词语仿写句子）

父爱是一盏灯，______________________________

（3）我冲出饭厅，跑进自己的房间，扑到床上失声痛哭起来。（仿写含连续动作的句子）

____

（4）那一天我第一次发现，母亲原来是那么瘦小！那一天我第一次觉得自己长大了，应该是一个大人了。（仿照例句，从下面情境中任选一个，写一写自己成长过程中有所触动的“第一次”）

第一次感到委屈　　第一次独自乘车　　第一次为父母做饭

____

____

5. 选择合适的内容，将序号填入横线上。

① 居安思危，戒奢以俭　② 克勤于邦，克俭于家

③ 恒念物力维艰　　　　④ 当思来处不易

（1）“____________。”为国家大事不辞辛劳，居家生活俭朴，这样的人怎能不让人佩服！

（2）勤俭节约是中华民族的传统美德。魏征劝告我们：“______________。”朱用纯提醒我们：“一粥一饭，____________；半丝半缕，____________。”

活动二：比无私的爱

（一）慈母情深（节选）

那是我第一次到母亲为我们挣钱的那个地方。

空间非常低矮，低矮得使人感到压抑。不足二百平米的厂房，四壁潮湿颓败。七八十台破缝纫机一行行排列着，七八十个都不算年轻的女人忙碌在自己的缝纫机旁。因为光线阴暗，每个女人的头上方都吊着一只灯

泡。正是酷暑炎夏，窗不能开，七八十个女人的身体和七八十只灯泡所散发的热量，使我感到犹如身在蒸笼。

我呆呆地将那些女人扫视一遍，却发现不了我的母亲。

七八十台破缝纫机发出的噪声震耳欲聋。

…………

我穿过一排排缝纫机，走到那个角落，看见一个极其瘦弱的脊背弯曲着，头凑到缝纫机板上。周围几只灯泡烤着我的脸。

“妈——”

“妈——”

①背直起来了，我的母亲。转过身来了，我的母亲。褐色的口罩上方，一对眼神疲惫的眼睛吃惊地望着我，我的母亲的眼睛……

（二）母亲的唠叨（节选）

宋向阳

春生三岁那年，父亲就出车祸走了。在他的记忆里，只要和母亲在一起，总会听到她没完没了的唠叨。

母亲唠叨的时候，春生是不能走神的。否则，母亲会叉着腰，用手点着他的脑门喊道：“你拿我的话当耳旁风吗？”

在母亲的唠叨声里，春生长成了大小伙子，毕业后被分配到镇上做教师。去学校报到那天，母亲老早就起来了，把他的衣服熨得平平展展。过了一阵，母亲将饭端上桌子，见他还没穿衣服，便开始唠叨：“起来啦，捂在被窝里想孵鸡仔咋着？往后你要带一群娃子上进呢，这样懒咋行？我说话呢，你明白没？”

春生赶忙爬了起来，嘴里答应着：“妈，我知道了。”

母亲坐在他的跟前，瞪着眼睛问他：“你知道啥？成天吊儿郎当的，你知道啥？当老师可是天大的事，误人子弟哪行？人家爹妈把孩子交给你，你就要像对自己孩子一样。”春生一边穿衣服，一边大声地答应：“妈，您放心吧。”

春生吃完饭刚要走，又被母亲叫住了。②她猫下身子，把儿子左脚运动鞋带重新系了一遍，嘴里还说：“看看你，鞋带系得松松垮垮，没一会儿就得开了，踩在脚下让人看了多不好，头一天上班，要给人留下好印象啊。”春生看着母亲头上又添了几缕白发，心里突然酸酸的。

——选自《作文点评报（初中版）》2017 年第 46 期，有改动

1. 对比读一读。

（1）读《慈母情深》选段，找出这一场景下的一组镜头。

七十八台____ ________	七十八个____ ________	七十八只____ ________	七十八台破缝纫机发出的噪声

这组镜头中反复出现的词语是“____________”，从中你体会到了______________________________。

（2）读《母亲的唠叨》选段，找出母亲四次唠叨的语言，用横线画出来，从中你体会到了____。

2. ①②两处画线的句子都是对母亲的______________描写，从这两处描写中，你分别体会到了什么？

____

____

3. 母亲的爱都是无私的，比较两位母亲的爱有什么相同和不同之处。

____

____

活动三：表无尽的爱

母爱像棉花盛开

徐学平

① 听说，每一位母亲都是大地上盛开的花朵，有人说母爱温馨如康乃馨，有人说母爱圣洁如鲁冰花…… 然而，我那与泥土打了一辈子交道的母亲却从来没见过这些娇贵的花儿。我也一直在寻找，寻找最属于母亲

的花。

② 母亲是个勤劳朴实的农民，她用天底下最无私的爱养育着自己的三个儿女。小时候，家里的经济并不宽裕，母亲却总能让我们时常成为小伙伴们羡慕的对象，或是一本有趣的小人书，或是一根美味的冰棍儿……而母亲，她对自己却节俭到了几乎苛刻的程度。

③ 记得，我在一篇小学作文里曾经这样描述过母亲——“我从来没有看到妈妈穿过漂亮的衣服，她很普通，普通得就像田野里随处可见的狗尾巴花”。那是我第一次把母亲比作花儿，尽管那个懵懂的比喻一度成了村民的笑谈，但母亲那淳朴的形象永远烙在了我心中。

④ 随着年龄的增长，我对母亲的了解也不断地增多。我曾经见到过母亲年轻时候的照片：一双水汪汪的大眼睛，两根乌亮亮的麻花辫，原来母亲也是很美的。然而不幸的是，她婚后不久，父亲的身体就一直不好，母亲便不得不用柔弱的双肩挑起家庭的重担。

⑤ 母亲不分昼夜操劳着，家务、农活、牲口、孩子……母亲总有忙不完的事，再也无暇去照一下镜子，梳理一下自己秀美的长发了。在我心中，我觉得母亲有时好像命运多舛的苦菜花，有时却像挺拔坚强的向日葵。然而，我又总感到这些花儿还是代表不了母亲，总觉得还缺了些什么。

⑥ 直到我大学毕业的那一年，刚找到工作的我便迫不及待地赶回家，因为我想早点把这个好消息告诉母亲。那天，见到母亲时，她正在棉花地里摘棉花。深秋的田野已是一片枯黄，只有星星点点的棉花还在竞相开放，洁白的棉絮漫天飞舞，和母亲的白发一起在风中飘扬。

⑦ 得知我即将参加工作，母亲的双眼顿时含满了欣慰的泪水。望着母亲因长年累月的辛劳而过早苍老的身影，蓦然间，我觉得她仿佛也成了一株随风摇曳的棉花。

⑧ 棉花的一生共有两次“花”开：花龄期的棉花开出的花朵很美，白的纯洁，粉的淡雅，但是为了孕育棉花，她只能萎谢掉自己美丽的容颜；产棉期棉花会把自己所有的养分都毫不保留地提供给棉桃，于是叶蔫了，枝枯了，洁白的棉花终于盛开了，而这一次，她枯槁的却是自己的全部啊！

⑨ 棉花，可谓是我再熟悉不过的乡间植物了，但那不正是我苦苦寻见的母亲花吗？母爱像棉花盛开，她穷其毕生的精力只为换取最终无私的绽放，吐出棉，纺成纱，拧成慈母手中线，织成游子身上衣。

——选自《贺州日报》2019 年 5 月，有删改

1. 作者在文中提到了许多花来代表母亲，下列说法不正确的一项是（　　）。

A. 狗尾巴花代表节俭淳朴的母亲。　B. 苦菜花代表命途多舛的母亲。

C. 向日葵代表挺拔坚强的母亲。　D. 棉花代表纯洁淡雅的母亲。

2. 请你从描写角度品析下列句子。

深秋的田野已是一片枯黄，只有星星点点的棉花还在竞相开放，洁白的棉絮漫天飞舞，和母亲的白发一起在风中飘扬。

得知我即将参加工作，母亲的双眼顿时含满了欣慰的泪水。

（1）第一句话运用__________（环境/场景）描写，描绘了__________________________________，写出了母亲____。

（2）第二句话运用__________描写，写出了____。

3. 第⑤自然段中“我又总感到这些花儿还是代表不了母亲，总觉得还缺了些什么”，你认为缺的是______________________________________。

4. 下列对文章内容的理解和分析有误的一项是（　　）。

A. 文章标题运用比喻的修辞手法，十分生动形象，也点明了文章主题。

B. 文章中“我”一直在寻找一朵属于母亲的花，直到大学毕业参加工作时“我”才最终找到母亲花。

C. 母亲年轻时的美丽与为家庭操劳后的质朴形成对比，写出了母亲为家庭的付出和牺牲。

D. 文章运用借景抒情的手法，表达了对母亲的思念和感激之情。

6. 生活中那感动的时刻、难忘的瞬间、开心的时光都是一个个动人

的故事，和父母在一起的点点滴滴更是让你印象深刻，只因这里面流淌着的都是无私而伟大的爱意。请你给父母寄出一张爱的明信片，画一画你们的故事，说一说心里的秘密，表一表无尽的爱。

第七单元　请到姑苏来赏景

“四时景物皆成趣。”四季风光不同，给每个人的感受也是不同的。“明月松间照，清泉石上流”，这是唐代王维笔下的秋夜；那奇特幽美、别具洞天的“鸟的天堂”画卷，那让人感觉意趣无穷的月迹，是现当代著名作家巴金、贾平凹笔下的四时美景……今天，就让我们一起出发，请到姑苏来赏景！

任务一：欣赏诗人眼里的四时美

同学们，列夫·托尔斯泰曾说过：“预习是学习的基石，是学习的前提条件。”围绕预学单开展自主学习吧！

学习活动一：读出诗词里音律美

动听的诗歌旋律，轻轻叩开我们的心扉，让我们去感受诗词里的自然之趣。同学们，请完成下面题目，并从《古诗词三首》中选择最喜欢的一首，录制成音频，要求读准字音，读出停顿。看看谁的音频点赞最多！

诗词里的音律美

读一读，给加点的字选择合适的读音，画上“√”，然后用“/”标注出合适的停顿。

山一程，水一程，身向榆关那畔（pàn　bàn）行，夜深千帐灯。

风一更（gēng　gèng），雪一更，聒（guō　kuò）碎乡心梦不成，故园无此声。

学习活动二：感受诗词里的变化美

充分调动感官，从光、声、色、动、静等方面展开联想，完成思维导图。

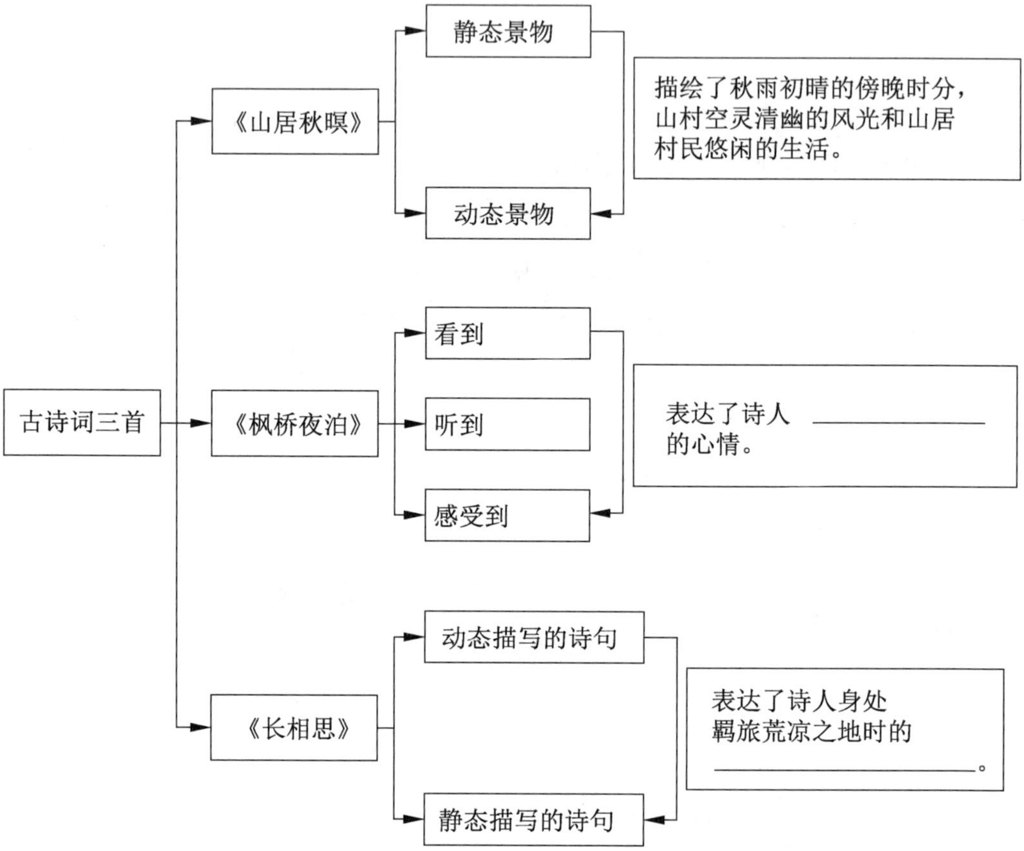

同学们，爱因斯坦曾说过：“学习知识要善于思考，思考，再思考。”打开研学单，开始学习吧！

学习活动一：探寻秋冬的情致

画一画秋冬的情致。请结合文中插图或者注释，边读本单元的古诗词边想象，找出你印象最深的一幅画面，用彩笔或者相机呈现它的画面之美。

画一画诗中的情致

学习活动二：感受四时的美好

比较阅读四时诗词。读六首描写四时景致的诗词，关注诗词中的时间、地点、景物以及诗人的心情，找找相同点和不同点。感受诗人借四时美景所表达的心中意，完成下表。

诗词	时间	地点	景物	心情
《山居秋暝》				
《枫桥夜泊》				
《长相思》				
《渔歌子》				
《夏日六言》				
《四时田园杂兴》				

同学们，陆游曾写道：“纸上得来终觉浅，绝知此事要躬行。”翻到拓学单，检测一下你们的学习成果吧！

学习活动一：“飞花令”里读诗词

1. 单字飞花。以“花”“水”“月”“雪”为令，进行小组内比赛。

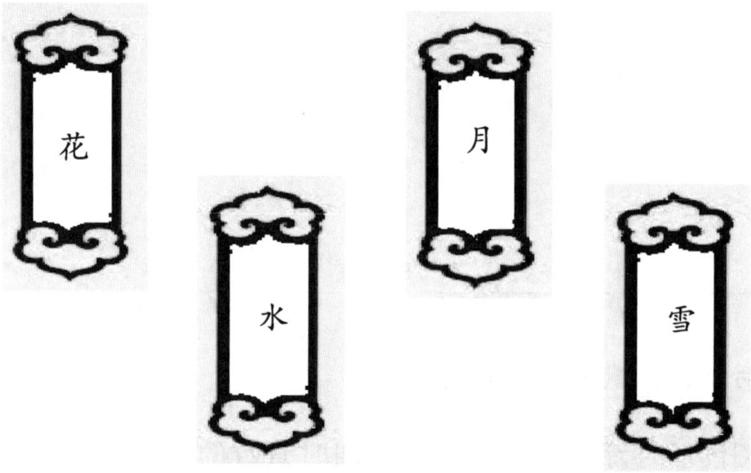

2. 双字飞花。小组胜出者，进行“双字飞花”比赛，产生擂主。

任选“春、夏、秋、冬、山、水、日、月、风、花、雨、雪”中二字组合为令。

3. 现场抽令，挑战擂主。

学习活动二：“四时情趣咏流传”诵读会

四时情趣我来诵。课外的古诗词中同样也有动静之美，请你结合自己的课外阅读内容，将最喜欢的一首诗词推荐给同学。然后四人小组之间互相评一评，看谁的宣传最到位。

四时景物
宣传部

四时情趣咏流传

被评价人	诵读流畅	肢体语言得当	图文并茂	建议
	☆☆☆	☆☆☆	☆☆☆	
	☆☆☆	☆☆☆	☆☆☆	
	☆☆☆	☆☆☆	☆☆☆	
	☆☆☆	☆☆☆	☆☆☆	

学习活动三：跟着诗人赏四时

1. 追寻诗人的足迹。绘制路线及景点风光图。

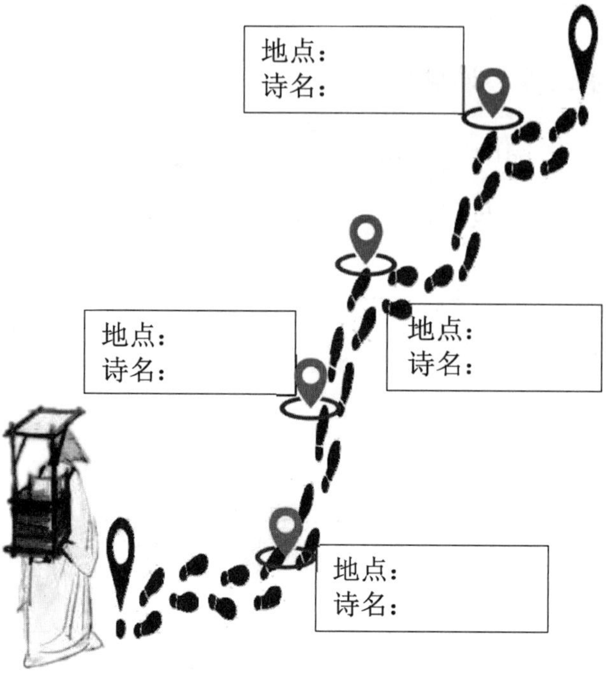

景点风光图

景点风光图

2. 与同学分享交流景点风光图。

任务二：读懂作家笔下的四时趣

同学们，列夫·托尔斯泰曾说过：“预习是学习的基石，是学习的前提条件。”围绕预学单开展自主学习吧！

学习活动一：读读四季的美妙旋律

同学们，请先读准下面加点字词的读音，然后试着诵读下面语段，边读边想象，注意将画面通过你的朗读表现出来。

四季的美妙旋律

四时景物
录音棚

榕树正值茂盛的时期，好像在把它的全部生命力展示给我们看。那么多的绿叶，一簇堆在另一簇上面，不留一点儿缝隙。那翠绿的颜色，明亮地照耀着我们的眼睛，似乎每一片绿叶上都有一个新的生命在颤动。这美丽的南国的树！

——《鸟的天堂》

我们都面面相觑了，倏忽间，哪儿好像有了一种气息，就在我们身后袅袅，到了头发梢儿上，添了一种淡淡的痒痒的感觉。似乎我们已在月里了，那月桂分明就是我们身后的这一棵了。

——《月迹》

学习活动二：描摹四季的美好画面

1. 画一画美丽的南国的树。巴金爷爷第一次经过“鸟的天堂”看到了大榕树的真面目，不禁赞叹“这美丽的南国的树！”请你将表现大榕树静态画面的语句摘录下来，或者用彩笔描绘出来，并想一想：为什么称大榕树为“鸟的天堂”？

美丽的南国的树

四时景物
摄影棚

____

____

____

____

____

____

____

作图区

2. 摘录“月迹”的可爱之处。《月迹》中对月亮足迹的描写十分有趣，选择自己最喜欢的语句记录在摘抄卡上，然后画一画句中描写的画面或者写一写自己的感受吧！

摘录“月迹”的可爱之处

同学们，爱因斯坦曾说过：“学习知识要善于思考，思考，再思考。”打开研学单，开始学习吧！

学习活动一：代言“鸟的天堂”

1. 比较“初见”与“再见”。同学们，课文中描写了作者两次经过“鸟的天堂”时看到的情景，请根据课文内容填一填，然后想一想它们有哪些不同的特点，用不同的语气和节奏读一读。

四时景物录音棚

榕树的两种景致

比较对象	时间	见到的情景	带给你的感受
第一次			
第二次			

2. 为“鸟的天堂”代言。

（1）自主选择感兴趣的部分，用自己的语言为“鸟的天堂”代言。

（2）根据代言人评价表给同学打分。

评价标准	达成度
讲述“鸟的天堂”的特点，条理清楚，突出景物的美妙	☆☆☆
大方得体，表达流畅，声音响亮，条理清晰	☆☆☆
能配上合适的音乐、表情、动作，让代言更传神	☆☆☆

学习活动二：寻找月的足迹

寻找月的足迹。月亮历来是文人墨客吟诗作画的首选，其独特的美学价值千百年来为世人所追寻。默读课文，想想月亮的足迹都出现在哪里，带给人们哪些美的感受，完成填空。

寻找月的足迹

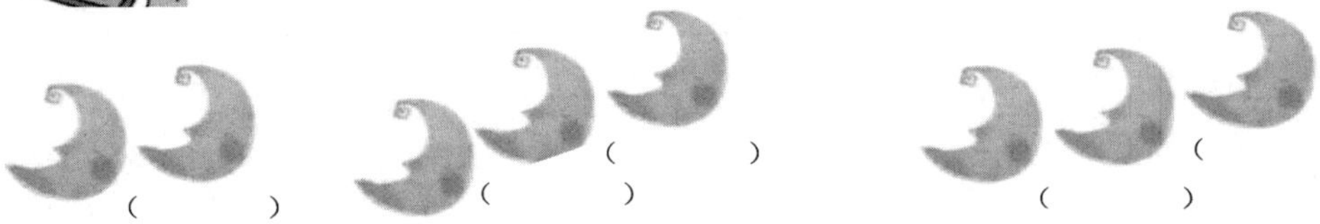

（　　） （　　） （　　） （　　） （　　）

竹窗帘里 → （　　） → 堂中赏月

葡萄叶上 → （　　）（　　） → （　　）

水里 → （　　）（　　） → 河边寻月

美的感受：____

____

同学们，陆游曾写道：“纸上得来终觉浅，绝知此事要躬行。”翻到拓学单，检测一下你们的学习成果吧！

学习活动一：创意四时美景

1. 四时文创我设计。美好的四时美景不仅让我们尽饱眼福，还给我们带来许多美的灵感。请你结合所学，任选一类，做一份专属于你的四时文创。

四时文创我设计

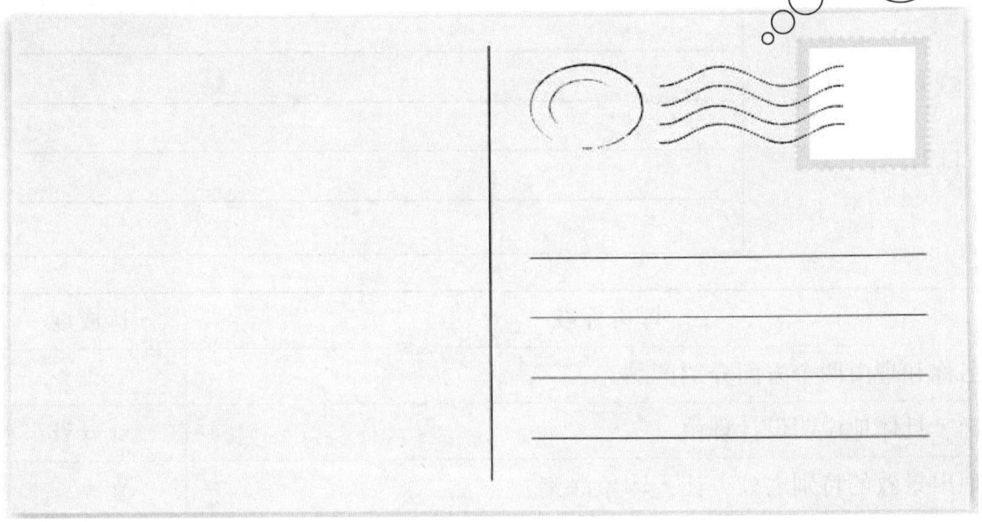

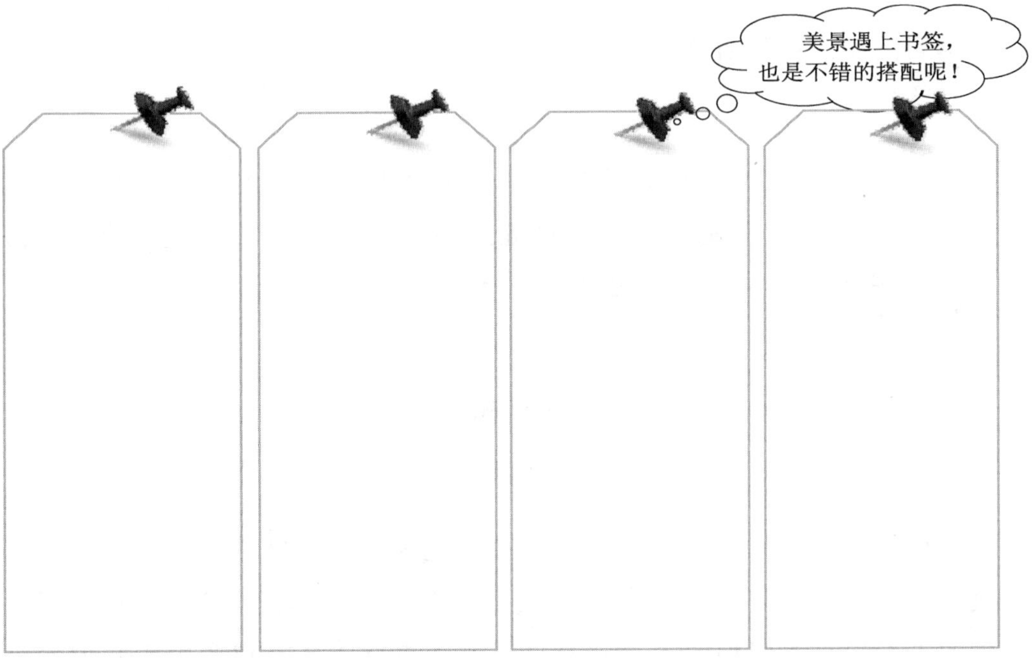

我还有其他奇思妙想，请你为我评价一下吧！

我的四时文创

文创名称：______________________________

设计理由：______________________________

____

____

____

____

____

评价标准	达成度
从名称和理由两个方面介绍产品	☆☆☆
准确、具体地说明设计理由	☆☆☆
表现出景致的特别之处，让人印象深刻	☆☆☆

学习活动二：聆听生命礼赞

巴金爷爷笔下有生命力旺盛的大榕树，丰子恺笔下也有一株生机盎然的梧桐树。让我们读一读，感悟丰子恺对生命的赞美。

梧桐树

丰子恺

寓楼的窗前有好几株梧桐树。这些都是邻家院子里的东西，但在形式上是我所有的。因为它们和我隔着适当的距离，好像是专门种给我看的。它们的主人，对于它们的局部状态也许比我看得清楚；但是对于它们的全体容貌，恐怕始终没看清楚呢。因为这必须隔着相当的距离方才看见。唐人诗云："山远始为容。"我以为树亦如此。自初夏至今，这几株梧桐树在我面前浓妆淡抹，显出了种种的容貌。

当春尽夏初，我眼看见新桐初乳的光景。那些嫩黄的小叶子一簇簇地顶在秃枝头上，好像一堂树灯，又好像小学生的剪贴图案，布置均匀而带幼稚气。植物的生叶，也有种种技巧：有的新陈代谢，瞒过了人的眼睛而在暗中偷换青黄。有的微乎其微，渐乎其渐，使人不觉察其由秃枝变成绿叶，只有梧桐树的生叶，技巧最为拙劣，但态度最为坦白。它们的枝头疏而粗，它们的叶子平而大。叶子一生，全树显然变容。

在夏天，我又眼看见绿叶成荫的光景。那些团扇大的叶片，长得密密层层，望去不留一线空隙，好像一个大绿障；又好像图案画中的一座青山。在我所常见的庭院植物中，叶子之大，除了芭蕉以外，恐怕无过于梧桐了。芭蕉叶形状虽大，数目不多，那丁香结要过好几天才展开一张叶子来，全树的叶子寥寥可数。梧桐叶虽不及它大，可是数目繁多。那猪耳朵一般的东西，重重叠叠地挂着，一直从低枝上挂到树顶。窗前摆了几枝梧桐，我觉得绿意实在太多了。古人说"芭蕉分绿上窗纱"，眼光未免太低，只是阶前窗下的所见而已。若登楼眺望，芭蕉便落在眼底，应见"梧桐分绿上窗纱"了。

一个月以来，我又眼看见梧桐叶落的光景。样子真凄惨呢！最初绿色黑暗起来，变成墨绿；后来又由墨绿转成焦黄；北风一吹，它们大惊小怪地闹将起来，大大的黄叶便开始辞枝——起初突然地落脱一两张来；后来成群地飞下一大批来，好像谁从高楼上丢下来的东西。枝头渐渐地虚空了，露出树后面的房屋来，终于只剩几根枝条，回复了春初的面目。这几天它们空手站在我的窗前，好像曾经娶妻生子而家破人亡了的光棍，样子怪可怜的！我想起了古人的诗："高高山头树，风吹叶落去。一去数千里，何当还故处？"现在倘要搜集它们的一切落叶来，使它们一齐变绿，重还故枝，回复夏日的光景，即使仗了世间一切支配者的势力，尽了世间一切机械的效能，也是不可能的事了！回黄转绿世间多，但象征悲哀的莫如落叶，尤其是梧桐的落叶。

但它们的主人，恐怕没有感到这种悲哀。因为他们虽然种植了它们，所有了它们，但都没有看见上述的种种光景。他们只是坐在窗下瞧瞧它们的根干，站在阶前仰望它们的枝叶，为它们扫扫落叶而已，何从看见它们的容貌呢？何从感到它们的象征呢？可知自然是不能被占有的。可知艺术也是不能被占有的。

——选自丰子恺《丰子恺散文集》，有删改

1. 本文以时间为顺序，以梧桐的变化为行文线索，请用简要概括三个时节的梧桐树貌。

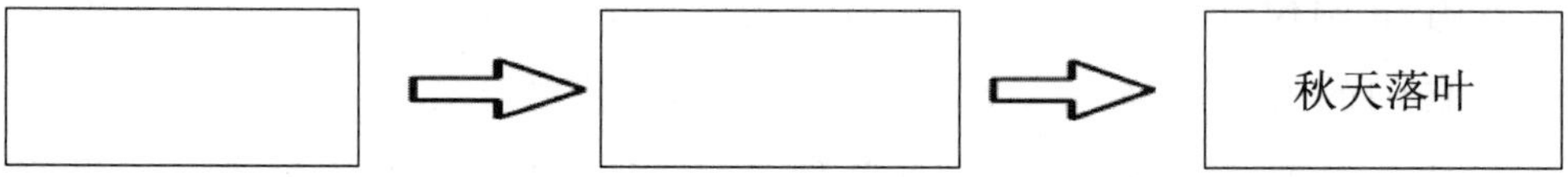

2. 第②③自然段着力写了梧桐树的生机勃勃，绿意盎然，作者这样描写的意图是什么？请结合全文加以分析。

____

____

3. 全文通过梧桐的变化表露了作者鲜明的感情色彩，请具体说明作者情感的变化过程。

____

____

4. 文章运用了多种艺术手法来描写梧桐树，抒发个人情感，请联系全文，举例分析其表达效果。

____

____

5. 作者为什么说“可知自然是不能被占有的。可知艺术也是不能被占有的”？你从中得到了什么启示？

____

____

任务三：我眼中的四时景

同学们，列夫·托尔斯泰曾说过："预习是学习的基石，是学习的前提条件。"围绕预学单开展自主学习吧！

学习活动：观察姑苏美景

我观姑苏美景。姑苏既有园林之美，又有山水之胜，自然、人文景观交相辉映，加之历代文人墨客题咏吟唱，使姑苏成为名副其实的人间天堂。姑苏之美，美在眼里，更美在我们的笔端。请你选择一处最感兴趣的景致，从不同角度留心观察，记录观察所得，为你喜欢的美景代言，积极准备吧！

姑苏美景观察记录表

<table>
<tr><td>观察时间</td><td></td><td>观察地点</td><td></td><td>观察人员</td><td></td></tr>
<tr><td>观察景物</td><td colspan="5"></td></tr>
<tr><td>令你难忘的静态景象</td><td colspan="2"></td><td>令你难忘的动态景象</td><td colspan="2"></td></tr>
<tr><td>观察中的独特感受</td><td colspan="5"></td></tr>
</table>

同学们，爱因斯坦曾说过：“学习知识要善于思考，思考，再思考。”打开研学单，开始学习吧！

学习活动：设计姑苏四时美篇

姑苏四时美篇。一首《枫桥夜泊》让姑苏的美名流传至今。美景还需美文配，相信你的习作也可以成为家乡美景的名片。请小组合作，制作一份姑苏四时美篇。

贴上你拍摄的景物照片吧！

描写要求

☆按照一定的顺序描写景物。

☆写出景物的动态变化。

______即景

同学们，陆游曾写道：“纸上得来终觉浅，绝知此事要躬行。”翻到拓学单，用文字记录，完成一篇习作，记录你们家乡的一种风俗或你参加某次风俗活动的亲身经历。

学习活动：“姑苏美景”推介会

同学们，在设计姑苏四时美篇的活动中，大家以文字、图片、音频、视频等多种形式感受姑苏之美，表现四时之趣。现在，让我们将这些成果展现给更多的人，让大家来评一评我们的学习成果。请以小组为单位选出姑苏四时美景的“最佳代言人”，进行美景推介，要有打动人的宣传语，还可以配上好看的图画，看看哪组的推介最吸引人。

姑苏美景推介会

美景名称：________________

宣传语：________________

评价标准	达成度
主题鲜明，介绍清楚	☆☆☆
有打动人的宣传语	☆☆☆
形式多样（文字、图片、音频、视频等）	☆☆☆

同学们，四时姑苏之旅即将到达终点。最后，来检验一下本次旅行的收获吧。

素养测评

同学们，学习本单元后，我们陶醉于大自然的美景，感受到了其中之趣！接下来，让我们跟随苏苏、州州两位同学走进千年古城——姑苏，开展一场以“寻姑苏美景　品姑苏风情”为主题的研学活动吧！

活动一：跟着文人循迹苏韵

“读万卷书，行万里路。”远方，既是书本内的世界，也是书本外的世界，更是我们心中的世界。苏苏、州州正在姑苏最具代表性的地方“打卡”呢！

七里山塘到虎丘，这是当年苏州风光最有代表性的地方。我被这天堂的美景惊呆了：塔影、波光、石桥、古庙、河房……她的美妙超过了我的想象。我逛过了虎丘山，又乘马车去寒山寺，看完了寒山寺 yì yóu wèi jìn，还到枫桥对面的小吴山上走了一趟。回来时已是 wàn jiā dēng huǒ 了，姨妈家的人急得团团转，不知道这乡下来的孩子出了什么事，至少是在苏州迷路了。我不是迷了路，而是着了迷，觉得这苏州简直是一部历史书，一幅风景画。

——选自陆文夫《姑苏之恋》

1. 根据拼音，在横线上写出相应的汉字。

① yì yóu wèi jìn ____________

② wàn jiā dēng huǒ ____________

2. 请给加点字选择正确的读音。

① 乘马车________（A. chéng　B. chén）

② 着了迷________（A. zhuó　B. zháo）

活动二：跟着诗人寻味苏韵

苏苏、州州打算做一本《姑苏寻访记》。他们在不同的文人墨客笔下感受到了枫桥不一样的风采。跟随他们一起来看看吧！

枫桥夜泊

[　]______

____________，____________。

____________，____________。

过枫桥寺

[宋] 孙觌

白首重来一梦中，青山不改旧时容。

乌啼月落桥边寺，欹枕犹闻半夜钟。

（图源：杨延文绘《枫桥》）

1. 请和苏苏同学一起补上《枫桥夜泊》这首诗。

2. 州州同学对这两首诗的理解和赏析，不正确的一项是（　　）。

A. 张诗首句以落月、啼乌、满天霜这三个意象，描绘出一幅斜月西沉、乌鸦哀啼、冰霜飞满天空的写实画卷，意境幽寂清冷。

B. 张诗后两句写船到姑苏，夜听寺钟。钟声不但衬托出了夜的静谧，而且把诗人种种难以言传的感受尽化其中，意境旷远。

C. 孙诗的前两句霹空而来，下笔不凡。这两句中，诗人用“白首”对“青山”，用“重来”对“不改”，对仗工整，意蕴动人。

D. 孙诗三、四两句化用了张继原诗中的意象，让人联想到《枫桥夜泊》的画面景致，扩大了诗歌内容，增添了历史厚重感。

3. “夜半钟声到客船”与“欹枕犹闻半夜钟”二句在表现手法和情感内容上有何异同？请结合全诗加以分析。

诗歌	诗句	表现手法	情感内容
《枫桥夜泊》	夜半钟声到客船		
《过枫桥寺》	敧枕犹闻半夜钟		

活动三：跟着导览赏鉴苏韵

“不到园林，怎知春色如许?”苏州园林是世界文化的瑰宝，请跟随苏苏、州州来到美丽的园林，领略其独特的风采。

【材料一】

拙政园，位于江苏省苏州市，始建于16世纪初，是江南古典园林的代表。拙政园与北京颐和园、承德避暑山庄、苏州留园一起被誉为“中国四大名园”。全园以水为中心，山水萦绕，厅榭精美，花木繁茂，具有浓郁的江南水乡特色。花园分为东、中、西三部分，东花园开阔疏朗，中花园是全园精华所在，西花园建筑精美，各具特色。园南为住宅区，体现典型江南地区传统民居多进的格局。园南的苏州园林博物馆是国内第一座园林专题博物馆。1961年3月，拙政园被列为首批全国重点文物保护单位，1991年被国家计划委员会、旅游局、建设部列为国家级特殊游览参观点。1997年联合国教科文组织批准列入《世界遗产名录》。2007年被评为首批国家AAAAA级旅游景区。

——选自百度题库（https://easylearn.baidu.com/edu-page/tiangong/questiondetail?id=1712832449836265300&fr=search），有改动

【材料二】

拙政园景点分布如下。

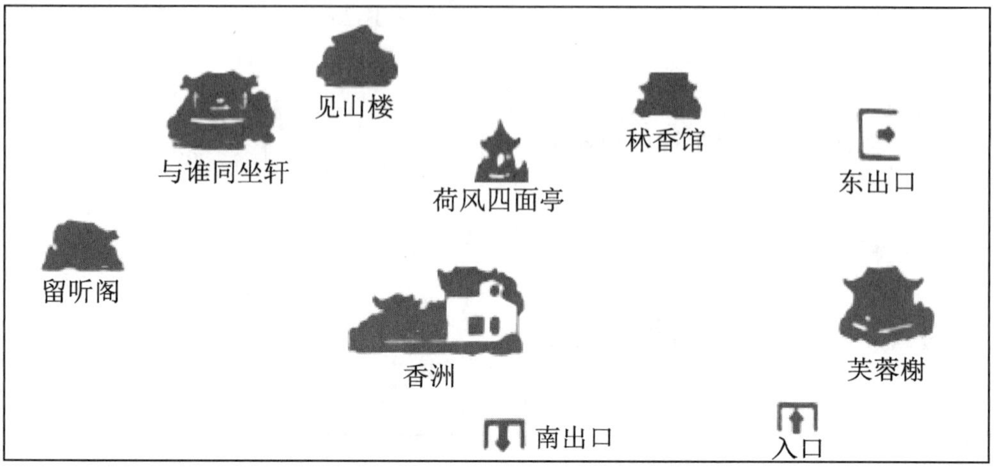

【材料三】

留听阁：阁名取意唐代李商隐的诗句："秋阴不散霜飞晚，留得枯荷听雨声。"四周开窗，阁前置平台，是赏荷听雨的绝佳处。与谁同坐轩：依水而筑，构作扇形。其屋面、轩门、窗洞、半栏等均成扇面状，小巧精雅，别具一格，故又称作"扇亭"。轩名取意苏轼词句"与谁同坐？明月清风我"。见山楼：江南风格的民居式楼房，重檐卷棚，歇山顶。三面环水，两侧傍山，粉墙黛瓦，楼上的明瓦窗，保持了古朴之风。登此楼望远，可尽览郊外山色。荷风四面亭：亭名因荷而得，四面临水，单檐六角，四面通透。亭中有抱柱联"四壁荷花三面柳，半潭秋水一房山"。从高处俯瞰此亭，但见亭出水面，飞檐出挑，犹如满塘荷花怀抱一颗光灿灿的明珠。秋香馆：以前墙外皆为农田，丰收季节，阵阵稻谷清香令人心醉，馆亦因此得名。香洲：三面入水、仅尾部与陆地相接的一艘石舫。站在船头，四周开敞明亮，眼前波光粼粼，秀色满园。特别是炎夏之际，此地荷香阵阵，举目清凉。芙蓉榭：临水而建，榭前有很深远的水景，水中植荷，荷又名芙蓉，小榭之名由此而来。夏夜，明月、清风、月影、荷香齐至，美不胜收，是夏季赏荷的好去处。

——选自百度题库（https://easylearn.baidu.com/edu-page/tiangong/questiondetail?id=1805649799755624736&fr=search），有删改

【材料四】

为了改变传统静态观赏的单一方式，近年来，苏州各大园林创新思

路，根据自身特色，推出沉浸式夜游园林项目。利用多媒体技术，对园林历史文化进行再创作，以全新的方式展现古典园林的文化之美；昆曲、评弹、古琴、江南丝竹等极具苏州特色的曲艺表演轮番出场，让游客在曲中赏园、园中赏曲，给古典园林植入丰富的传统文化基因，让文化遗产“活”起来。为了拉近园林与市民游客的距离，苏州各大园林还推出了园林研学游、园林进课堂、园林汉服秀、园林婚礼、园林文创等一批“园林+”产品，让园林与人们深度互动。

——选自《人民日报》2023 年 4 月 14 日，有删改

1. 判断下面关于拙政园的说法是否正确，正确的画“✓”，错误的画“×”。

（1）拙政园是江南古典园林的代表，与北京颐和园、承德避暑山庄、苏州留园一起被誉为“中国四大名园”。（　　）

（2）拙政园以水为中心，山水萦绕，厅榭精美，花木繁茂，具有浓郁的江南水乡特色。园南的苏州园林博物馆是国内唯一的园林专题博物馆。（　　）

（3）拙政园不仅是首批全国重点文物保护单位、国家级特殊游览参观点、首批国家 AAAAA 级旅游景区，还是世界自然遗产之一。（　　）

2. 暑假中，州州打算带朋友到拙政园赏荷花。他们从“入口”进，从“南出口”出，准备打卡园内几处赏荷景点。请你为他们设计一条合理的赏荷游览路线，用“→→”在材料二示意图上标示出来，并结合材料二和材料三简述理由。

____

____

3. 苏苏说：“苏州各大园林真厉害！采取了许多推陈出新的措施来吸引游客。”你同意苏苏的说法吗？请你根据材料四，说说你的理由。（至少两条）

____

____

活动四：跟着作家品味苏韵

“最妙的是下点小雪呀。”苏苏对老舍先生《济南的冬天》里的雪景喜爱不已；州州感叹之余，对苏苏说：“咱们江南的雪景也是妙不可言的。”一起来看看吧！

江南的雪

鲁　涛

① 对于一位在江南住惯的人，在严寒的冬天也难得一见雪的踪影，春天下雪便是奇迹了。物以稀为贵，今年的春雪就越发显得珍贵。

② 雪从正月十一下起。刚一开始，雪肆无忌惮如同撒盐般落在广袤的大地上，同时也不停地侧敲着人们的房子、窗户和雨伞，发出吱吱的声音，清脆而幽雅。走在路上的我，感觉这声音是那么的熟悉和美妙，仿佛把我带入了那个远逝的梦幻般的童真年代，在大山里小溪边，我和小伙伴们正在聆听叮叮当当的泉水声。

③ 一阵汹涌的雪过后，接踵而来的是芦絮般的小雪，一小片，一小片的，虽下得不大，但不久地面屋顶上白了一层，宛如覆盖了一丛白毯。树枝上、草坪间、山尖上顶着一串串的小白花，与朦胧的天空灰白相间，很有些中国古代山水画“风烟俱净，天山共色，从流飘荡，任意东西”的韵味。

④ 雪虽然下得不很大，可是整个苍茫的大地比往常宁静了许多。但也不像唐代诗人柳宗元所描绘的“千山鸟飞绝，万径人踪灭”那样冷静。宁静之中也蕴含着蠕动：漫天的飞雪本身就是一幅时尚的动漫，它在向大地**炫耀**的同时，也一步一步地**浇灭**了人们内心的烦躁和不安；还有路上三三两两的车仍在穿梭，与飞雪的**纠缠**更添大地的娇媚；偶尔还有几个行人匆匆赶路，**游离**在这寂寥的雪国中。行人的稀少，我想到了一个原因。那可能是跟人们的爱美有关，生怕太多的行走玷污了这幅浑然天成的山水画，倒不如躲在家中，偎依在火炉旁边，一边嗑着瓜子，一边调侃，享受着雪带来的宁静和悠闲。如果是读书人的话，映雪读书也是一种不错的选择。

⑤ 雪除了给人们带来宁静，还给人们带来极高的兴致和美好的希望。记得《世说新语》里有一篇《王子猷居山阴》的文章，文章说：“王子猷居山阴，夜大雪，眠觉，开室，命酌酒，四望皎然。因起彷徨，咏左思《招隐诗》，忽忆戴安道。时戴在剡，即便夜乘小船就之。经宿方至，造门不前而返。人问其故，王曰：‘吾本乘兴而行，兴尽而返，何必见戴？’”我在纳闷，何以使这位鼎鼎大名的书法家而又自命清高的魏晋名士乘兴而行呢？聪明的人一眼就会发现，那就是“雪”惹的“祸”。可见，雪是人们日常生活中的“调剂品”和“开心果”。有了雪，文人就妙笔生花；有雪，农夫就信心百倍；有了雪，咱们老百姓就真高兴！

⑥ 江南的雪虽韵味十足，意兴盎然，但也有它先天的不足：相比北国的雪，它显得不够刚毅，不够坚强，不够浑厚，娇气、羞涩、短暂也就在所难免了。北京的雪我是见过的，但并不像李白所说“燕山雪花大如席，片片吹落轩辕台”那么夸张。如果真要把江南的雪和北国的雪做个比喻的话，我想：北国的雪就好比北方的汉子，豪放、洒脱，洋洋洒洒；而江南的雪如同小家碧玉，娇小，细腻，缠缠绵绵。法国著名思想家孟德斯鸠认为地理与气候决定人的精神气质。从南北雪的形态特征来看，孟德斯鸠的理论确实有道理。

⑦ 雪下了整整一天一夜，到正月十二下午停了。可我的心却没有停止对雪的眷恋，我不仅眷恋雪的洁白，眷恋雪的晶莹剔透，更眷恋雪的那种不夹带一丝丝杂质的纯正。这让我想起了为人处世，人如果能够像雪一样坦坦荡荡，纯正洁白，世间就没有了那么多的恩恩怨怨了，人类也就可以和谐幸福地生活。而人们常常把雪当作“天使”，当作“棉被”，当作好事情的预兆，也就是因为雪代表了人们内心的追求：自然、纯洁、洒脱。虽然有时候人们达不到洁白无瑕的那种境界，但向往它本身也是一件美好的事物。这就是为什么大家都喜欢雪、赞赏雪的原因。

⑧ 这场春雪已经融化了，但它播撒在人们心间的希望种子是不会融化的，到了秋天的时候还会丰收。

——选自《散文选刊》2006 年第 6 期，有删改

1. 文章第②③自然段是从哪些角度来写江南的雪的？这样写有什么作用？请结合具体内容简要分析。

____

____

2. 概括文章第④⑤自然段的主要内容。从全文来看，这样的安排有什么好处？

____

____

3. 第⑥自然段中作者忽然说江南的雪“也有它先天的不足”，并拿它与北国的雪相比较，指出它“不够刚毅，不够浑厚”，这样写你觉得好吗？

____

____

4. 文章第④自然段中加粗词语的使用很有特点，请任选一词鉴赏。

____

____

5. 文章最后说“播撒在人们心间的希望种子是不会融化的”，你怎样理解这句话的含义？请结合文章内容简要说说你的想法。

____

____

第八单元　问道读书秘妙

“旧书不厌百回读，熟读深思子自知。”读书，是一种历久弥新的文化传承。世界如此广阔，书籍如同星辰，每一本书都有其独特的魅力和智慧。今天，就让我们一起踏上“问道读书秘妙”的探索之旅，了解从古至今人们读书的态度、方法、经历与感悟，学会如何选择书籍，如何深入阅读，从中汲取知识的甘霖，让智慧的花朵在心中绽放。问道读书秘妙，让读书成为我们生活的一部分，点亮我们前行的道路。

任务一：分享读书之旅

同学们，列夫·托尔斯泰曾说过：“预习是学习的基石，是学习的前提条件。”围绕预学单开展自主学习吧！

学习活动：展示读书轨迹图

1. 绘制读书轨迹图。绘制一份自己的读书轨迹图。在这张图上，标记出曾经读过的书，每本书的位置代表它在你的阅读生涯中的时间点和重要性。

2. 批注感想。为每本书附上简短的评论或感想，写一写它如何影响了你的阅读之旅。

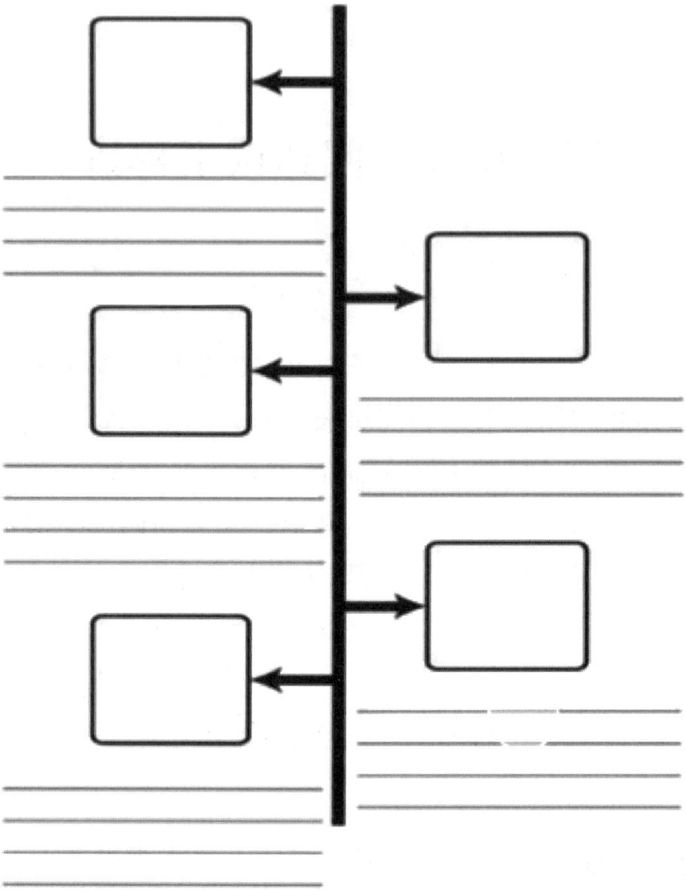

同学们，爱因斯坦曾说过：“学习知识要善于思考，思考，再思考。”打开研学单，开始学习吧！

学习活动一：回顾冰心奶奶的读书经历

1. 冰心奶奶的读书时间表。浏览《忆读书》，找出文中提到的冰心奶奶的读书时期和关键事件。结合课外资料，补充冰心奶奶的其他重要读书经历。按照时间顺序，将这些经历整理成一个时间表。

阅读时间	阅读书目
七岁	
十二三岁，中年以后	
1980 年后	

2. 冰心奶奶的书单。从《忆读书》中找出冰心奶奶提到的书名，摘录或总结她对每本书的评价或感受，填写下表。

书名	评价
《三国演义》	这是我最早接触的古典文学，对我影响深远
《红楼梦》	这本书让我对人性有了更深刻的认识

3. 冰心奶奶的阅读感悟。细读《忆读书》，找出冰心奶奶对阅读的感悟或观点，并写下你的理解和体会，与同学交流你的理解，看看大家有哪些不同的看法。

阅读感悟：____________________________

我的理解：____________________________

同学的看法：___________________________

学习活动二：推荐书中主要人物

冰心奶奶在《忆读书》中提到了我国的四大名著，你最喜欢四大名著中的哪个人物？请读一读相关片段，为最喜欢的人物写一段推荐词。

推荐人物：____________________

推 荐 词：____________________

____

同学们，陆游曾写道：“纸上得来终觉浅，绝知此事要躬行。”翻到拓学单，检测一下你们的学习成果吧！

学习活动一：“小辩论”——少年圆桌会

近期，五（1）班围绕“读书可否一知半解”这一话题展开了辩论。请你先读一读同学们的观点，再写下你的想法。

我认为，读书不可以一知半解，宋代朱熹认为读书要做到“熟读精思”，这样才会有收获。

我认为，读书可以一知半解，冰心奶奶读《三国演义》就是一知半解地读，后来把这本书越读越明白。

我认为：

学习活动二：“读乐乐”——班级沙龙

“腹有诗书气自华”，请围绕“读书”这一话题与同学分享自己读书的经历、读书的方法、读书的收获、读书的感受等内容。小组内交流，并围绕评价标准，进行小组评、班级评，并提出合理的建议。

评价标准	小组评	班级评	建议
能准确说出自己读书的经历	☆☆☆	☆☆☆	
能清楚说出自己读书的方法	☆☆☆	☆☆☆	
能分享自己读书的收获和感受	☆☆☆	☆☆☆	

任务二：探寻读书方法

同学们，列夫·托尔斯泰曾说过：“预习是学习的基石，是学习的前提条件。”围绕预学单开展自主学习吧！

学习活动一：打开小古文“锦囊袋”

同学们，在预习《古人谈读书》时，可能会遇到一些难读的字和难理解的字词，请尝试查找工具书进行注音或解释，自主归纳并整理形成小古文“锦囊袋”。

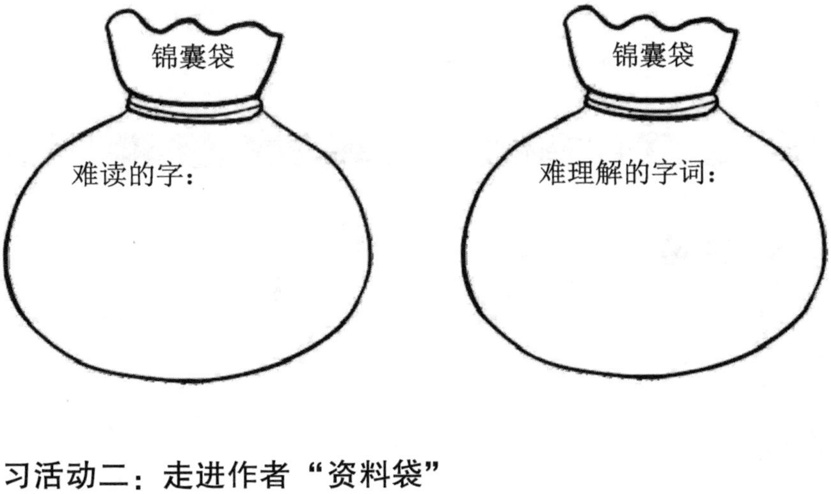

学习活动二：走进作者“资料袋”

1. 制作作家名片。请同学们自主搜集关于孔子和朱熹的相关资料，根据基本信息、主要成就、代表作品等内容，整理并形成作家名片。

孔　子

朱　熹

2. 绘制作者名言录。搜集《论语》《训学斋规》的相关资料，摘录你感兴趣的名言警句。摘录时注意行款整齐，字迹端正、美观。

同学们，爱因斯坦曾说过：“学习知识要善于思考，思考，再思考。”打开研学单，开始学习吧！

学习活动一：跟着名人学读书

1. 古人读书观。《古人谈读书》中提到了许多古人的读书方法和学习心态，默读课文，借助表格整理，并用自己的话进行解释。

读书方法/学习心态	解释
敏而好学，不耻下问	保持敏锐的学习心态，乐于向他人请教，不因向地位或知识不如自己的人提问而感到羞耻
读书有三到：心到、眼到、口到	读书时要全神贯注，心、眼、口并用，提高阅读效率和记忆能力

2. 读书观“对对碰”。阅读《古人谈读书》《忆读书》《怎样读书》，圈画、提炼作家关于读书的观点，并写一写自己的读书观。

作家	读书观
孔子	
朱熹	
冰心	
顾颉刚	

我的读书观：________________________________

阅读链接：

怎样读书

顾颉刚

① 一个普通人走进了图书馆，看见满屋满架的书，觉得眼睛都花了。这是由于他对世界上的知识没有一方面是有特殊兴趣所致。研究学问的事固然不必每人都参加，但是一方面的特殊兴趣确为任何人所不可少。譬如看报，有人喜欢看专题新闻，有人喜欢看小说文艺，也有人喜欢看商市行情。只要他能够有一件喜欢的，自然拿到了一份报纸就有办法。我们读书的第一件事，是要养成特殊方面的兴趣。

② 有人读书，只要随便翻翻就抛开了。有人读书，却要从第一个字看到末一个字才罢。其实两种方法都有道理，但永久只用一种方法是不对的。因为我们可以看的书籍太多了，倘使无论哪一部书都要从第一个字看

到末一个字，那么，人的生命有限，一生能够读得多少部书呢？但有几部书是研究某种学问的时候必须细读的，若只随便翻翻，便不能了解那种学问的意义。读书的第二件事，是要分别书籍缓急轻重，知道哪几部书是必须细读的，哪几部书是只要翻翻的，哪几部书只要放在架上不必动，等到我们用得着它的时候才去查考的。要懂得这个法子，只有多看书目，研究一点目录学。

③ 我们的读书，是要借了书本上的记载寻出一条求知的路，并不是要请书本来管束我们的思想。读书的时候要随处存疑。换句话说，要随处会用自己的思想去批评它。我们只要敢于批评，就可分出它哪一句话是对的，哪一句话是错的，哪一句话是可以留待商量的。这些意思就可以写在书端上，或者写在笔记簿上。逢到什么疑惑的地方，就替它查一查。心中起什么问题，就自己研究一下。不怕动手，肯写肯翻，便可以养成自己的创作力。几年之后，对于这一门学问自然有驾驭运用的才干了。我们读书的第三件事，是要运用自己的判断力。只要有了判断力，书本就是给我们使用的一种东西了。宋朝的陆象山说六经“皆我注脚”，就是这个意思。

④ 再有两件事情，也是应当注意的。其一，不可以有成见。以前的人因为成见太深了，只把经史看作最大的学问；经史以外的东西都看作旁门小道。结果，不但各种学问都被抑遏而不得发达，并且由于各种学问都不发达，就是经史的本身也是不能研究得好。近来大家感到国弱民贫，又以为唯有政治经济之学和机械制造之学足以直接救国的，才是有用之学，其余都是无关紧要的装饰品。这个见解也是错误的。学问的范围何等样大，凡是世界上的事物都值得研究，就是我们人类，再研究一万年也还是研究不尽。至于应用的范围却何等样小，是根据我们所需要而走的。昨天需要的东西，今天不要了，就丢了。今天需要的东西，明天不要了，也就丢了。若是为了应用的缘故，一意在应用上着力，把大范围忘了，等到时势一变，需要不同，我们岂不是剩了两只手呢！我们不能一味拿有用无用的标准来判定学问的好坏；就是某种像是没有用的学问，只要我们有研究的兴趣，也是可以研究下去为我们所用的。

⑤ 其二，是应该多赏识。无论哪种学问，都不是独立的，与它关联的地方非常之多。我们要研究一种学问，一定要对别种学问有些赏识，使

得逢到关联的地方可以提出问题，请求这方面的专家解决，或者把这些材料送给这方面的专家。以前有人说过，我们研究学问，应当备两个镜子：一个是显微镜，一个是望远镜。显微镜是对自己专门研究的一科用的；望远镜是对其他各科用的。我们要对自己研究的一科极尽精微，又要对别人研究的各科略知一二。这并不是贪多务博，只因为一种学问是不能独立的缘故。

——选自黄岳洲、穆央、陈振《怎样读书最有效》，有删改

学习活动二：跟着古文学说理

在朱熹的《读书有三到》一文中，作者的观点是什么？他是如何说理的？请深入研读，完成思维导图。

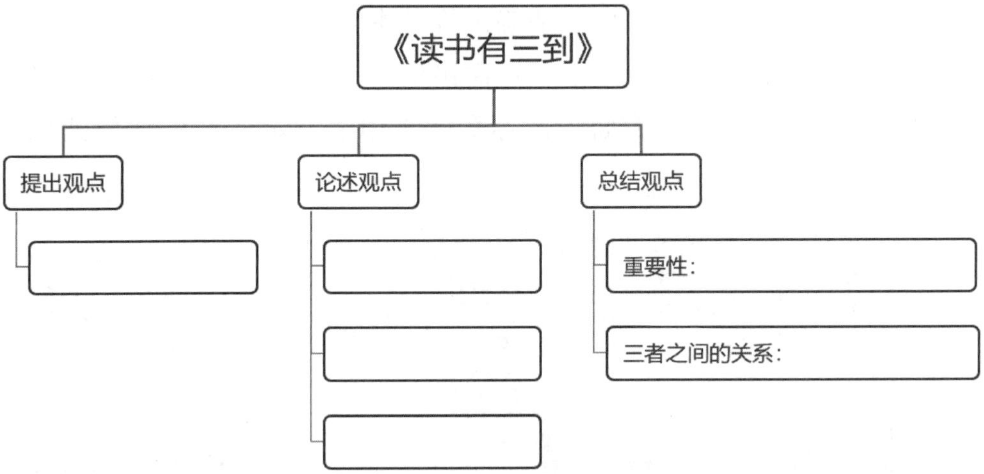

同学们，陆游曾写道：“纸上得来终觉浅，绝知此事要躬行。”翻到拓学单，检测一下你们的学习成果吧！

学习活动一：读书名言发布会

1. 读书名言我会背。背一背与读书有关的古诗或名言，比比谁知道得多。

2. 读书故事我来讲。说一说名人读书的小故事，汲取智慧，比比谁讲得精彩。

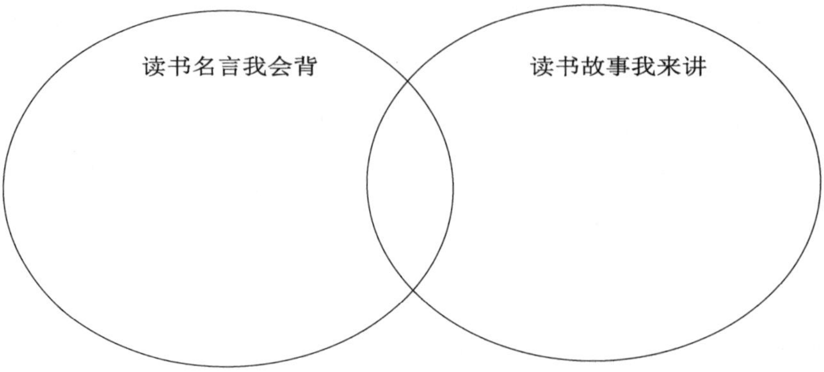

学习活动二：好书阅读推荐会

同学们，读一本好书如同交一个好朋友。把读过的好书推荐给同学，就像把好朋友介绍给他们一样。请确定推荐书目，简要介绍好书的基本信息、主要情节等内容，重点把推荐理由讲清楚、写具体。如果在推荐好书时遇到困难，可以看一看下面的推荐案例，相信一定能帮助你厘清思路，找到合适的方法。

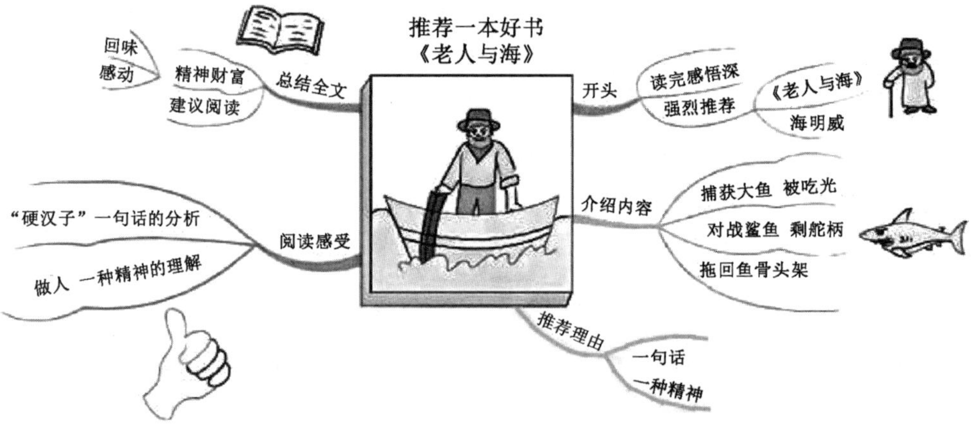

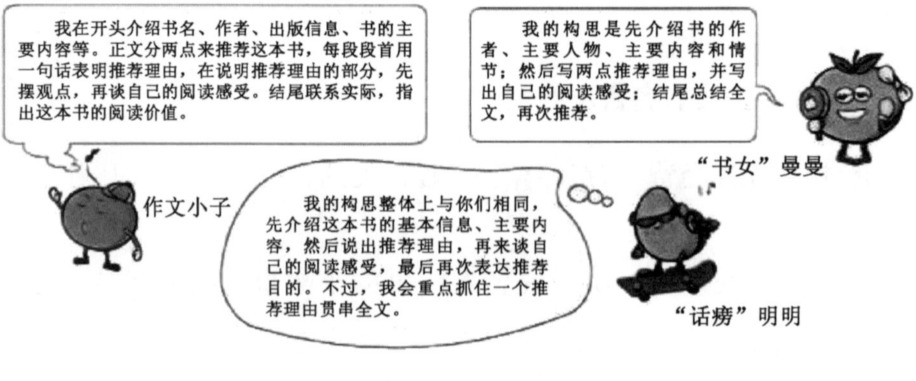

任务三：探索读写奥秘

同学们，列夫·托尔斯泰曾说过：“预习是学习的基石，是学习的前提条件。”围绕预学单开展自主学习吧！

学习活动一：争做速读小达人

同学们，在预习《我的“长生果”》时，我们要试着用较快的速度来默读课文，边读边圈画出叶文玲奶奶小时候读了哪些书，再给这些书归归类。

《我的“长生果”》预学单

我第一次默读全文共花了____分钟，我发现叶文玲奶奶读了这些书：________

____

____

我第二次默读全文共花了____分钟，我发现这些书大致可以分为这样几类：

____

____

学习活动二：书中道理我来讲

同学们，我们通过预学单对这篇课文已经有了基本的了解，下面要请大家再次用较快的速度默读课文，想想叶文玲奶奶从童年读书、写作的经历中领悟了哪些道理。

《我的“长生果”》所读所悟

我第三次默读全文共花了____分钟，我发现作者从读书、写作的经历中明白了这些道理：

1. ________________________________
2. ________________________________
3. ________________________________

回想我的经历，我也曾在阅读和写作中明白了一些道理，比如：________

____

同学们，爱因斯坦曾说过："学习知识要善于思考，思考，再思考。"打开研学单，开始学习吧！

学习活动一：探索作家写作的秘诀

同学们，让我们继续跟随大作家的脚步，学习更多关于写作的秘诀。请大家以四人小组为单位，默读梁实秋《作文的三个阶段》，边读边记录他的写作秘诀，然后在小组内进行交流。交流时要做到表达清楚，有理有据，并能够认真听取他人的看法与意见。

作者	篇名	写作秘诀
梁实秋	《作文的三个阶段》	
同学的补充：______		

学习活动二：发现读与写的关系

再读《作文的三个阶段》，看看写作是不是都和阅读有关系呢？如果有的话，请把相关证据填在表格里并与同学进行交流。

作者	写作秘诀	与读书的关系
梁实秋		

读完文章后，你觉得写作除了和读书有关，还和什么有关系呢？

______

______

阅读链接：

作文的三个阶段

梁实秋

我们初学为文，一看题目，便觉一片空虚，搔首踟蹰，不知如何落笔。无论是以“人生于世……”来开始，或以“时代的巨轮……”来开始，都感觉得文思枯涩难以为继，即或搜索枯肠，敷衍成篇，自己也觉得内容贫乏索然寡味。胡适之先生告诉过我们：“有什么话，说什么话；话怎么说，就怎么说。”我们心中不免暗忖：本来无话可说，要我说些什么？有人认为这是腹笥太俭之过，疗治之方是多读书。“读万卷书，行万里路”，固然可以充实学问增广见闻，主要的还是有赖于思想的启发，否则纵然腹笥便便，搜章摘句，也不过是饾饤之学，不见得就能做到“文如春华，思若涌泉”的地步。想象不充，联想不快，分析不精，辞藻不富，这是造成文思不畅的主要原因。

渡过枯涩的阶段，便又是一种境界。提起笔来，有个我在，“纵横自有凌云笔，俯仰随人亦可怜”。对于什么都有意见，而且触类旁通，波澜壮阔，有时一事未竟而枝节横生，有时逸出题外而莫知所届，有时旁征博引而轻重倒置，有时作翻案文章，有时竟至“骂题”，洋洋洒洒，拉拉杂杂，往好听里说是班固所谓的“下笔不能自休”。也许有人喜欢这种“长江大河一泻千里”式的文章，觉得里面有一股豪放恣肆的气魄。不过就作文的艺术而论，似乎尚大有改进的余地。

作文知道割爱，才是进入第三个阶段的征象。须知敝帚究竟不值珍视。不成熟的思想，不稳妥的意见，不切题的材料，不扼要的描写，不恰当的词字，统统要大刀阔斧地加以削删。芟除枝蔓之后，才能显着整洁而有精神，清楚而有姿态，简单而有力量。所谓“绚烂之极趋于平淡”，就是这种境界。

文章的好坏，与长短无关。文章要讲究气势的宽阔、意思的深入，长短并无关系。长短要求其适度，性质需要长篇大论者不宜过于简略；性质需要简单明了者不宜过于累赘，如是而已。所以文章之过长过短，不以字数计，应以其内容之需要为准。常听见人说，近代人的生活忙碌，时间特别宝贵，对于文学作品都喜欢短篇小说、独幕剧之类，也许有人是这样的。不过我们都知道，长篇小说还是有更多的人看的；多幕剧也有更多的观众。人很少忙得不能欣赏长篇作品，倒是冗长无谓的文字，哪怕只是一两页，恹恹无生气，也令人难以卒读。

文章的好坏与写作的快慢无关。顷刻之间成数千言，未必斐然可诵，吟得一个字拈断数根须，亦未必字字珠玑。我们欣赏的是成品，不是过程。袁虎倚马草露布，“手不辍笔，俄得七纸”，固然资为美谈，究非常人轨范。文不加点的人，也许是早有腹稿。我们为文还是应该刻意求工，千锤百炼，虽不必“掷地作金石声”，总要尽力洗除一切肤泛猥杂的毛病。

文章的好坏与年龄无关。姜愈老愈辣，但“辣手作文章”的人并不一定即是耆耇。头脑的成熟，艺术的造诣，与年龄时常不成正比。不过就一个人的发展过程而言，总要经过上面所说的三个阶段。

——选自梁实秋《雅舍杂文》，有删改

同学们，陆游曾写道：“纸上得来终觉浅，绝知此事要躬行。”翻到拓学单，检测一下你们的学习成果吧！

学习活动一：读书写作调查会

同学们，我们将在这堂课上围绕“多读书就能写好作文吗”这一观点进行辩论，在辩论之前，我们先来做一个游戏，名字叫作“一站到底”。老师会提出几个问题，如果你们是认可的，就请站着；如有不认同的，就请坐下。

（1）你喜欢读课外书吗？

（2）你觉得自己读过的书算多的吗？

（3）你觉得读书对你的写作有帮助吗？

（4）你觉得现在的写作水平高吗？

学习活动二：读书写作辩论会

同学们，根据刚才的游戏，我们现在分成了两大阵营，请大家再次回顾《我的“长生果”》《作文的三个阶段》，并结合你们的学习经验，选取适当的论据，说明你们的观点。我们会请每个阵营派出四位代表来谈一谈自己阵营的观点。

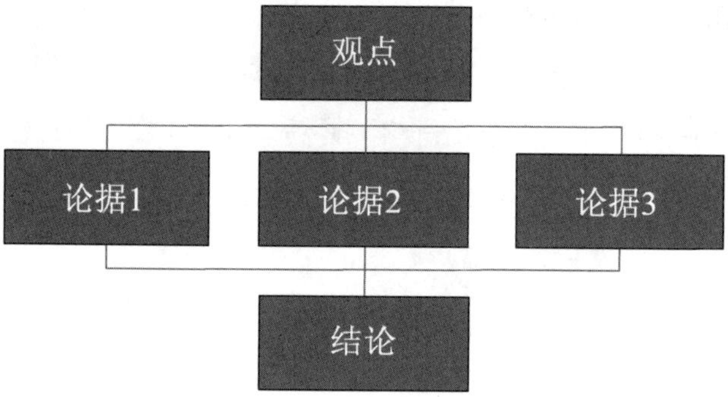

我的观点是：____________________，因为____________________

____

____

因此，我认为________________________________

人手一张评价卡，请从三个方面对己方同学的表现进行评价。

评价标准	同学 1	同学 2	同学 3	同学 4
观点清晰				
事例恰当				
表达准确				

同学们，“问道读书秘妙”之旅即将到达终点。最后，来检验一下本次旅行的收获吧！

素养测评

同学们，学习本单元后，我们知道了为什么要读书，怎样读书，也分析了读书与写作之间的关系，接下来，让我们开展一场以“读多样好书，绽思维火花”为主题的研学活动吧！

活动一：感受书籍的力量

自幼，书籍便是我心灵的灯塔，指引着我前行。记得童年时，那本描绘大自然奥秘的儿童百科书第一次点燃了我对知识的渴望的火焰。它图文并茂，将复杂的科学知识以孩子们易于理解的方式呈现出来。每当翻开这本书，我就仿佛踏上了一艘奇妙的探险船，航行在知识的海洋中，遇见了形态各异的珊瑚礁——那些 wǔ cǎi bān lán（　　　　）的动植物；探索了深邃的海底世界——对自然环境的种种思考与认知。

随着岁月的推移，我的阅读之旅愈加丰富和深入。文学作品成了我感悟人生、品味情感的源泉。诗人用寥寥数语勾勒出深远的意境，小说家以 cuò zōng fù zá（　　　　）的情节展现出人性的光辉与阴暗。在这些文字中，我学习到了如何表达自己的情感，也学会了换位思考，去体会他人的喜怒哀乐。

历史书籍则像是时间的门扉，每翻开一页，便是跨越了一个时代。从古埃及的金字塔到罗马的斗兽场，从汉武帝的雄才大略到拿破仑的铁血征战，历史的长河在我眼前流淌，让我明白无论时代如何变迁，人类文化和社会结构总有其延续性与发展脉络。

科幻小说更是开阔了我的想象力，提供了无尽的创造空间。它们带我探访了地外文明，揭示了未来科技的可能面貌。在这些故事中，我不仅获得了对未来世界的无限 xiá xiǎng（　　　），更对现实世界的科学原理有了进一步的认识和兴趣。

最令我难忘的读书经历发生在一个秋雨淅沥的午后。那时，我偶然翻出了父亲年轻时的藏书——《简·爱》。这本经典的英国文学作品讲述了简·爱坚强而独立的一生。尽管书中的社会背景与人物命运对我来说有些陌生，但简·爱身上那份坚韧不拔的精神深深打动了我。她的故事如同一束光穿透了厚厚的云层，照亮了我年轻的心灵。那一刻，我深切体会到，书籍不仅是知识的宝库，更是灵魂的 wèi jiè（　　）。

1. 根据语境，看拼音写词语，填入括号内。

2. 在这篇文章中，________让作者学会了表达情感和理解他人。

3. 科幻小说为作者提供了________，让作者对科学原理产生了兴趣。

4. 作者通过阅读历史书籍学到了什么？（　　）

A. 人类文化和社会结构的延续性　　B. 科技发展的历程

C. 个人情感的表达方式　　D. 想象中的未来世界

5. 作者认为《简·爱》能够“照亮”自己的心灵主要是因为（　　）。

A. 作品的社会背景　　B. 主人公坚韧不拔的精神

C. 作品的人物命运　　D. 作品的文学价值

6. 你认为阅读对于个人成长有哪些重要性？请结合文中的内容和你自己的想法进行说明。

____

____

活动二：读书面面观

对比阅读，感受不同的读书方法。

材料一

在当代中国，随着信息技术的发展，数字化阅读逐渐成为主流。许多人利用电子书、在线课程和学习平台来获取知识。数字化阅读便于携带大量信息，且可以随时随地进行学习。同时，一些传统的阅读方式比如深度阅读和笔记整理依然被重视，它们能够帮助读者加深理解并形成系统的知识结构。

材料二

在国外，阅读习惯呈现多样性。例如，美国强调快速阅读和关键词抓取技巧，以便快速浏览大量材料并提取重要信息。欧洲一些国家则倾向于慢阅读，注重文本的深入解读和批判性思考。此外，共同阅读活动如读书会也广受欢迎，该活动鼓励人们分享观点并从不同角度理解书籍。

材料三

古代中国的读书人非常重视“熟读精思”，即通过反复朗读和默想来深刻理解文本。他们还倡导“批注点评”的方法，通过在书页边缘做标记和写下自己的理解来加深记忆和理解。这些方法体现了古人对阅读的认真态度和追求深度理解的精神。

1. 在古代中国，读书人通常采用________和________的方法来加深对书的内容的理解和记忆。

2. 以下哪项活动不是欧洲一些国家的常见阅读习惯？(　　)

A. 慢阅读　　　　B. 快速阅读

C. 共同阅读活动　　　　D. 批注点评

3. 比较三篇材料中提到的不同时代和地区的读书方法，列出其中两种方法的特点及效果。

____

____

4. 你认为哪种读书方法最有效？请结合你的个人经验或学习目标说明理由。

____

____

活动三：学贵有疑

怀疑与学问

“学者先要会疑。”——程颐

“在可疑而不疑者，不曾学；学则须疑。”——张载

学问的基础是事实和证据。事实和证据的来源有两种：一种是自己亲眼看见的，一种是听别人传说的。譬如在国难危急的时候，各地一定有许多口头的消息，说得如何凶险，那便是别人的传说，不一定可靠；要知道实际的情形，只有靠自己亲自视察。做学问也是这样，最要紧最可靠的材料是自己亲见的事实根据；但这种证据有时候不能亲自看到，便只能靠别人的传说了。

我们对于传说的话，不论信不信，都应当经过一番思考，不应当随随便便就信了。我们信它，因为它“是”；不信它，因为它“非”。这一番事前的思索，不随便轻信的态度，便是怀疑的精神，也是做一切学问的基本条件。我们听说中国古代有三皇、五帝，便要问问：这是谁说的话？最先见于何书？所见的书是何时何人著的？著者何以知道？我们又听说“腐草为萤”，也要问问：死了的植物如何会变成飞动的甲虫？有什么科学根据？我们若能这样追问，一切虚妄的学说便不攻自破了。

我们对于不论哪一本书，哪一种学问，都要经过自己的怀疑：因怀疑而思索，因思索而辨别是非；经过“怀疑”“思索”“辨别”三步以后，那本书才是自己的书，那种学问才是自己的学问。否则便是盲从，便是迷信。孟子所谓“尽信书则不如无书”，也就是教我们有一点怀疑的精神，不要随便盲从或迷信。

怀疑不仅是消极方面辨伪去妄的必需步骤，也是积极方面建设新学说、启迪新发明的基本条件。对于别人的话，都不打折扣地承认，那是思想上的懒惰。这样的脑筋永远是被动的，永远不能治学。只有常常怀疑、常常发问的脑筋才有问题，有问题才想求解答。在不断地发问和求解中，一切学问才会发展起来，许多大学问家、大哲学家都是从怀疑中锻炼出来的。清代的一位大学问家——戴震，幼时读朱子的《大学章句》，便问《大学》是何时的书，朱子是何时的人。塾师告诉他《大学》是周代的书，朱子是宋代的大儒；他便问宋代的人如何能知道一千多年前的著者的意思。法国的大哲学家笛卡儿也说：“我怀疑，所以我存在。”他的哲学就建立在对万事万物的怀疑和明辨上。一切学问家，不但对于流俗传说，就是对于过去学者的学说也常常要抱怀疑的态度，常常和书中的学说辩论，常常评判书中的学说，常常修正书中的学说：要这样才能有更新更善的学说产生。古今科学上新的发明、哲学上新的理论、美术上新的作风，都是这样来的。若使后之学者都墨守前人的旧说，那就没有新问题，没有新发明，一切学术停滞，人类的文化也就不会进步了。

——选自顾颉刚《怀疑与学问》，有删改

1. 文中“怀疑的精神”是指什么？（　　）

A. 不信任任何人的态度。

B. 遇到问题不解决的态度。

C. 对传说的话进行思考，不随便轻信。

D. 只相信亲眼所见的态度。

2. 作者提到做学问的基本条件是________、________、________。

3. 为什么说“怀疑”是做好学问的第一步？请结合文章内容回答。

____

____

4. 根据文章内容，请在下面的表格中填写“怀疑”在学问中的几个作用，并简要说明它们是如何促进学问发展的。

怀疑的作用	对学问发展的促进

5. 文章中提到孟子的观点“尽信书则不如无书”，这句话的意思是：

____

6. 文章中提到了笛卡儿的哲学建立在对万事万物的怀疑和明辨上，这种怀疑的态度对学问的发展有什么积极作用？请结合文章内容回答。

____

____